Helga Käsler-Heide ■ Bitte hört, was ich nicht sage

Hinweis

Alle Namen und Daten dieses Buches sind frei erfunden. Eventuelle Übereinstimmungen mit der Realität sind nicht beabsichtigt und wären rein zufällig.

Helga Käsler-Heide

Bitte hört, was ich nicht sage

Signale von suizidgefährdeten Kindern und Jugendlichen verstehen

Unter Mitarbeit von Brigitte Nikodem

Kösel

Dieses Buch erschien zuerst 1996 im Kösel-Verlag, München, unter dem Titel *Bitte hört, was ich nicht sage. Signale von Kindern und Jugendlichen verstehen, die nicht mehr leben wollen.*

Die hier vorliegende Ausgabe wurde vollständig überarbeitet.

ISBN 3-466-30540-3

Druck und Bindung: Pustet, Regensburg
Umschlag: Fortune, München
Umschlagfoto: Getty Images Deutschland/Uwe Krejci
Gedruckt auf umweltfreundlich hergestelltem Werkdruckpapier (säurefrei und chlorfrei gebleicht)

Inhalt

Vorwort

Als dieses Buch 1996 in seiner ersten Auflage veröffentlicht wurde, war allen Beteiligten klar, um welch schwieriges und brisantes Thema es sich dabei handelt. Immer wieder lesen und hören wir von Suizidfällen junger Menschen. Deren Anzahl ist während der letzten Jahre relativ konstant geblieben. Trotzdem hat sich während der letzten Jahre einiges verändert. Die Situation der Kinder und Jugendlichen hat sich eher verschlechtert als verbessert, was sich in erster Linie durch stark zunehmende Gewalttaten zeigt. Es werden immer mehr junge Menschen straffällig und die Täter werden immer jünger.

Nun kann man die Frage stellen, was Gewalt mit Suizidalität zu tun hat. Vor allem im ersten Teil dieses überarbeiteten Buches versuche ich die aggressive Komponente der Suizidalität und ihre Entstehungsgeschichte herauszuarbeiten.

Junge Menschen werden immer mehr zu »Masseneremiten« herangezogen, die über wenig Frustrationstoleranz und Konfliktbereitschaft verfügen. Sie lernen kaum mehr Grenzen kennen und suchen diese durch Gewalterfahrungen. Grenzenlosigkeit und Langeweile sind wichtige Faktoren bei der Zunahme von Gewalt. Dazu kommt, dass wir Erwachsenen oft zwischen Überbehütung und Verwöhnung einerseits und mangelndem Engagement andererseits schwanken. Mit beidem entwerten wir die Persönlichkeit unserer Kinder, ein Aspekt, der gerade während der letzten Jahre stark an Bedeutung gewonnen hat. Diese Entwertung macht die jungen Menschen immer wütender und drückt sich schließlich in massiver Gewaltanwendung aus.

Diese Gewalt kann als eine Vorstufe zur Suizidalität gesehen werden, da die Aggression sich (noch) nach außen richtet, in manchen Fällen wie beispielsweise bei Amokläufern aber auch im Suizid endet. Um einen Suizid zu begehen, muss bereits ein hohes aggressives Potenzial vorhanden sein, anderenfalls wäre dieser Akt, Hand an sich zu legen, undenkbar. Die Wut und der Hass auf andere werden hier gegen sich selbst gerichtet.

Mit diesem Hintergrund habe ich das Buch grundsätzlich überarbeitet. Auch der zweite Teil ist neu gegliedert und soll klare Anregungen zur Prävention geben.

Helga Käsler-Heide

Einleitung

»Warum?« ist die erste Frage, die uns einfällt, wenn ein Mensch sich das Leben nehmen wollte. Warum will jemand, noch dazu ein Kind oder ein junger Mensch, (so) nicht mehr weiterleben? Haben wir nicht alles getan? Was haben wir nicht bemerkt? Wo haben wir versagt? Viele Fragen, gepaart mit Selbstvorwürfen, Unsicherheit und Ängsten, tauchen auf.

Wir wollen uns mit unserem Buch speziell an Eltern, Erzieher, Sozialpädagogen und Lehrer wenden – überhaupt an alle Menschen, die in ihrem Alltag und in ihrer täglichen Arbeit mit Kindern und Jugendlichen zu tun haben. Wir hoffen, dass wir ihnen Anregungen geben können, um suizidales, also suizidgefährdetes Verhalten rechtzeitig zu erkennen, aber auch um mit eigenen Gefühlen wie Ängsten, Wut und Unverständnis etwas besser umgehen zu lernen. Wir beziehen uns ausschließlich auf das *suizidale Verhalten* von jungen Menschen, das heißt, wir beschäftigen uns *nicht* mit der Trauer und den Problemen *nach einem vollzogenen Suizid.*

Suizide werden häufiger von Jungen begangen (1998 schieden in Deutschland 622 Jungen und 171 Mädchen bis zum Alter von 25 Jahren freiwillig aus dem Leben), aber die Zahl der Suizidversuche liegt bei den Mädchen ungleich höher. Mädchen leben wesentlich stärker die emotionale Seite aus und bekommen dabei zu wenig Beachtung. Doch gerade in diesem Bereich liegt es im Argen, und aus diesen Gründen wollen wir das Bewusstsein ein wenig mehr für die Problematik der Mädchen schärfen. Nicht zuletzt deshalb weisen wir immer wieder konkret auf die Situation der Mädchen hin.

Suizidales Verhalten kann niemals auf nur *eine* Ursache zurückgeführt werden. Dieses Buch soll ein Versuch sein, die Komplexität der Hintergründe zu beleuchten und Möglichkeiten der Prävention aufzuzeigen. Wie kann es dazu kommen, dass junge Menschen den Gedanken fassen, nicht mehr weiterleben zu wollen? Welche Probleme erscheinen ihnen so ausweglos und unüberwindbar? Was geht in ihnen vor? Welche familiären Konstellationen können im Hintergrund stehen? Wir möchten mit diesen Fragestellungen unter anderem zeigen, dass sich Konflikte über Generationen hinziehen und schließlich in suizidalem Verhalten enden können. Der *erste Teil* des Buches soll somit einen Überblick über verschiedene Aspekte und Hintergründe eines Suizidversuchs geben.

Junge Menschen, die den Gedanken an Selbsttötung fassen, befinden sich in einer Krise, in der sie keine Möglichkeiten zur Bewältigung ihrer Schwierigkeiten mehr sehen beziehungsweise zur Verfügung haben. Gibt es so etwas wie einen gemeinsamen Nenner? Was sind die Hintergründe für ein derartiges Verhalten? Durch die Vorstellung verschiedener Theorien werden unterschiedliche wissenschaftliche Ansätze erklärt.

Die beste Möglichkeit, suizidales Verhalten zu verhindern, liegt im frühzeitigen Erkennen der Alarmzeichen, die wir anhand vieler konkreter Beispiele ausführlich beschreiben. Den Übergang von den ersten Anzeichen zum tatsächlichen Handeln erklärt das »präsuizidale Syndrom«, das erstmals von Erwin Ringel, einem Wiener Psychiater und Psychotherapeuten, beschrieben wurde. Dabei wird eine dem Suizid vorausgehende charakteristische psychische Befindlichkeit aufgezeigt. Dazu gehören Einengung, gehemmte und gegen die eigene

Person gerichtete Aggression und Suizidphantasien. Ein Selbsttötungsversuch entsteht nicht im luftleeren Raum oder kommt nicht »aus heiterem Himmel«. In der Regel geben die jungen Menschen vielerlei Alarmzeichen von sich, die jedoch erkannt und richtig interpretiert werden müssen.

Der Übergang von den ausgesandten Alarmzeichen zu suizidalem Verhalten ist manchmal minimal. Trotzdem wollen wir versuchen, Unterschiede aufzuzeigen. Dabei soll suizidales Handeln bei Kindern und Jugendlichen getrennt dargestellt werden. Ein Suizidversuch zeigt immer auch eine Beziehungsstörung auf. Bei Kindern betrifft dies in erster Linie die Familie, bei Jugendlichen muss ebenso der engste Freundeskreis mit in Betracht gezogen werden. Welche Faktoren führen dazu, dass junge Menschen keinen anderen Ausweg mehr sehen, als das System, in dem sie leben, durch suizidales Verhalten zu durchbrechen? Da die familiären Verhältnisse einen großen Einfluss auf die Entwicklung von Kindern und Jugendlichen haben, gehen wir weiter auf die das Familienmilieu beeinträchtigenden Faktoren und typische Familienkonstellationen ein.

Im ersten Absatz dieser Einleitung stellten wir die Frage, warum Kinder und Jugendliche (so) nicht mehr weiterleben wollen. Die meisten jungen Menschen haben eine sehr klare Vorstellung davon, wie ihr Leben weitergehen soll. Nämlich nicht so wie bisher. Im *zweiten Teil* dieses Buches wollen wir deshalb auf die Prävention eingehen. Darauf, was wir bereits im Vorfeld tun können, um suizidales Verhalten zu verhindern, die so genannte primäre Prävention, aber auch auf die Krisenintervention und den Umgang mit akut suizidalen Kindern in Form der sekundären Prävention und schließlich auf die Nachsorge als tertiäre Prävention, denn Nachsorge ist gleichzeitig Vorsorge. Leitgedanke der primären Prävention soll die Bedeutung der Grenzen für unsere Kinder und Jugendlichen sein, mit der wir uns in diesem Buch ausführlich beschäftigen.

Wenn wir von suizidalen Kindern und Jugendlichen sprechen, dann sind dies in erster Linie Schüler. Die Bedeutung von Schule und Leistung beziehungsweise Schulversagen wollen wir deshalb eigens hervorheben.

Doch trotz aller Bemühungen kann es zu einem Suizidversuch kommen und eine Fahrt in die Klinik notwendig werden. Doch was passiert nach der Klinikaufnahme? Worauf müssen Angehörige achten? Die Erwachsenen sollen gestärkt werden in ihrem Wahrnehmungsvermögen und lernen, Rat, aber nicht Schläge zu geben. Sie sollen wachsamer werden in einer suizidalen Welt und angstfreier damit umgehen können.

Die Nachsorge und die Notwendigkeit einer Veränderung wollen wir im letzten Kapitel »Therapie« hervorheben. Familientherapeuten betrachten die Familie als ein System, ein Beziehungsgefüge, das durch ein Symptom – hier Suizidalität – gestört werden kann. Da dieses Symptom nur im Zusammenhang mit dem gesamten System Familie gesehen werden kann, ist es in den meisten Fällen hilfreich, gemeinsam mit familientherapeutischer Unterstützung nach Lösungsmöglichkeiten zu suchen. Einzeltherapie kann in manchen Situationen zusätzlich erforderlich sein. Beispiele hierfür werden wir am Ende des Buches aufzeigen.

In unserer schnelllebigen Welt ist es schwieriger denn je geworden, Kinder zu erziehen. Deshalb wollen wir mit unserem Buch Eltern und Erzieher unterstützen, auf gesamtgesellschaftliche Hintergründe hinweisen und Mut machen, etwas früher wahrzunehmen und auf alte Fähigkeiten in sich zu vertrauen.

Teil I

Aspekte und Hintergründe suizidalen Verhaltens

Alle Eltern erschrecken zunächst, wenn sie damit konfrontiert sind, dass ihr Kind so verzweifelt ist, dass es keinen anderen Ausweg mehr gesehen hat, als seinem Leben ein Ende setzen zu wollen. Für Eltern ist es eine schreckliche Vorstellung, dass der Mensch, dem sie das Leben geschenkt haben, sich das Leben nehmen, das heißt einen Suizid begehen wollte.

Das Wort Suizid ist abgeleitet vom lateinischen Verb sui caedere, was »sich töten« bedeutet. Nicht zuletzt deshalb ist die Übersetzung »Selbsttötung« wesentlich angebrachter, als moralisierend von Selbstmord oder Selbstmordversuch zu sprechen. Diese Wortwahl stempelt eine Verzweiflungstat zum kriminellen Handeln. Trotzdem dürfen wir diese »kriminelle« Seite der Selbsttötung nicht aus dem Auge verlieren, denn ein Suizid beziehungsweise Suizidversuch ist letzten Endes ein gewalttätiger Akt. Er ist eine Form von Gewalt, die gegen sich selbst gewendet wird. Unter diesem Blickwinkel kann man auch das zunehmend gewalttätige Verhalten vieler Kinder und Jugendlichen betrachten. Diese Gewalt kann als ein Signal ihres grenzenlosen Unglücklichseins und damit als eine Vorstufe suizidalen Verhaltens gesehen werden.

Gewalt als Vorstufe suizidalen Verhaltens

Junge Menschen erleben manchmal die Situation, in der sie leben, als unerträglich und wollen das Unerträgliche *so* nicht mehr länger ertragen. Sie haben das Gefühl, dass sich unbedingt etwas verändern muss. Gerade hier ist ein wichtiger Punkt zu beachten: Ein suizidaler junger Mensch will in der Regel nicht tot sein, er will so nicht weiterleben!

Bevor es überhaupt zu suizidalem Verhalten kommt, steckt ein Mensch in einer schweren Krise. Krisen sind uns allen wohl vertraut. »Ich glaube, ich krieg die Krise« ist ein geflügeltes Wort, das jeder irgendwann in seinem Leben in dieser oder in einer ähnlichen Form sagt oder denkt. – Doch wann kommen wir in eine Krise?

Am Anfang steht die Krise

Unter einer Krise versteht man eine Situation, in der unsere bisherigen Mittel und Konzepte nicht mehr ausreichen, um die aktuellen Schwierigkeiten zu bewältigen. Dies kann ein Gefühl von Beunruhigung, Besorgnis bis hin zu Verzweiflung und Hoffnungslosigkeit bewirken. Es handelt sich dabei um Situationen, für die wir nicht gewappnet sind, weil sie zu stark, zu übermächtig, zu heftig, zu schnell eintreten, zu massiv usw. sind. Das Wörtchen »zu« spielt dabei eine große Rolle. Das Resultat ist das Gefühl, diesem Ereignis vollkommen ausgeliefert zu sein, weil wir keine Idee haben, wie wir uns noch weiter verhalten können, damit sich die Situation für uns bessert.

Man unterscheidet zwischen der traumatischen Krise, der Krise, die durch ein traumatisches Ereignis wie zum Beispiel den Tod eines nahe stehenden Menschen ausgelöst wird, und der Veränderungskrise. Veränderungskrisen sind Krisen, die alle Menschen durchleben – beispielsweise die Pubertät oder der Eintritt ins Rentenalter, um nur zwei klassische lebensverändernde Beispiele zu nennen.

Die meisten Menschen müssen im Laufe ihres Lebens mehrere Krisen meistern und lernen damit, dass es trotz anfänglicher Beunruhigung oder gar Hoffnungslosigkeit dann doch irgendeine Lösungsmöglichkeit gibt. Dennoch geraten wir in neuen Belastungssituationen oft wieder in eine Verfassung, in der wir den Mut und unsere innere Haltung verlieren und nicht mehr wissen, was wir überhaupt noch tun können.

Traumatische Krisen und Veränderungskrisen

Aus dem Blickwinkel eines Kindes erscheinen diese Ausweglosigkeit und das Ausgeliefertsein noch weitaus schlimmer. Kinder haben noch nicht den Überblick wie Erwachsene, und Kinder befinden sich in einer Abhängigkeitsstruktur. Die Welt besteht in allererster Linie aus den Eltern. Auch Jugendliche stehen noch nicht auf eigenen Füßen und sind noch von ihren Eltern abhängig (auch wenn sie darüber meist anderer Meinung sind).

Wie kommt es nun dazu, dass Kinder und Jugendliche den tragischen Schritt tun und Hand an sich legen?

Alle haben ein Motiv, in der Regel leben sie schon länger in einer Krisensituation, der sie sich hilflos ausgeliefert fühlen. In Lebenslagen wie diesen braucht es manchmal nur noch einen kleinen Anlass, den berühmten Tropfen, der das Fass zum Überlaufen bringt, der schließlich zum letzten auslösenden Faktor wird. Lang anhaltende Krisensituationen, die Kinder oder Jugendliche nicht mehr bewältigen können, können Grund für sie sein, zu fliehen und sich zu entziehen. Die Krise ist somit die Vorstufe zu suizidalem Verhalten.

Damit aus einer Krisensituation allmählich und oft schleichend suizidales Verhalten wird, müssen aber noch weitere Faktoren mit hinzukommen, die mit der Bezeichnung »präsuizidales Syndrom« zusammengefasst werden.

Präsuizidales Syndrom

Der Suizidversuch wird oft durch eine scheinbare Kleinigkeit ausgelöst, wie dies manchmal in Abschiedsbriefen von jungen Menschen zu lesen ist. In manchen Fällen erscheint uns der angegebene Grund als wenig verständlich. Wie kann man sich wegen so einer Kleinigkeit das Leben nehmen wollen?

Wir können davon ausgehen, dass jeder Suizid eine Vorgeschichte hat. Der Streit mit der Freundin oder das Verbot des Vaters, nicht mehr in die Disko gehen zu dürfen, sind nicht der eigentliche Grund. Diese Vorgeschichte wird in der Literatur nach dem bereits in der Einleitung genannten Erwin Ringel als das »präsuizidale Syndrom« beschrieben.

Kann man erkennen, ob Kinder oder Jugendliche suizidal sind? Wir denken ja, aber wir müssen lernen, ohne Scheu und eigene Ängste aufmerksam hinzusehen und wahrzunehmen. Ringel spricht von drei Faktoren, die jedem suizidalen Verhalten vorausgehen: Er beschreibt vier verschiedene Arten von *Einengung*, die sich gegenseitig bedingen und eng miteinander zusammenhängen, die *Aggressionsumkehr* sowie *Suizidphantasien*.

Einengung

Situative Einengung

Die erste Form von Einengung ist die Einengung durch mehrere belastende Umstände, die sich allmählich summieren. Es handelt sich dabei um Situationen, die für die jungen Menschen in irgendeiner Form so problematisch sind, dass sie das Gefühl haben, dieser oder mehreren Situationen vollkommen ausgeliefert und dagegen machtlos zu sein. Sie fühlen sich eingeengt, und mit dem Eindruck, sich in einer Sackgasse zu befinden, wächst das Gefühl der Ohnmacht gegenüber der äußeren Bedrohung.

Wie und wo kann sich bei Kindern solch eine situative Einengung zeigen?

Meist beginnt eine situative Einengung relativ harmlos und steigert sich zusehends:

Sebastian, gerade neun Jahre alt, verkracht sich mit seinem besten Freund. Auch zu Hause wird die Stimmung allmählich immer angespannter, weil Sebastians Eltern häufig miteinander streiten. Er spürt deutlich, dass für ihn im Augenblick keine Zeit übrig ist. Die Gereiztheit findet ihren Höhepunkt, als der Vater auch noch seine Stelle verliert. Die Familie muss finanziell kürzer treten und Extrawünsche können nicht mehr erfüllt werden. Selbst ein Ausflug in die Eisdiele muss vorher genau überlegt werden. Sebastian schämt sich, mit seinen Klassenkameraden materiell nicht mehr mithalten zu können. Die Eltern sind mit eigenen Sorgen belastet und nehmen Sebastians Nöte kaum wahr. Um sich eine Ersatzbefriedigung zu holen, beginnt Sebastian zu stehlen. Einige Zeit geht es gut, doch schließlich wird er erwischt. Der Vater lässt seine Wut und seine Enttäuschung an ihm aus und verprügelt ihn. Sebastian geht immer seltener zur Schule und bekommt schließlich ein schlechtes Zeugnis. Die Angst vor erneuten Strafen ist nach dieser situativ zugespitzten Zeit so groß, dass er nicht wagt nach Hause zu gehen und in seiner Verzweiflung einen Suizidversuch begeht.

Die situative Einengung allein löst noch keinen Suizidversuch aus, denn der Selbsterhaltungstrieb des Menschen wird dadurch nur wenig angetastet. Erst durch die Wechselwirkung mit den im Folgenden beschriebenen Dimensionen von Einengung kann suizidales Handeln zustande kommen.

An dieser Stelle wollen wir noch ein weiteres Problem und Beispiel situativer Einengung ansprechen, das sich den jungen Menschen unserer Zeit zunehmend stellt.

Kinder und Jugendliche sind zum Teil wesentlich umweltbewusster geworden. Die Wahrnehmung der anwachsenden Umweltverschmutzung und entsprechende Warnungen, beispielsweise das Ozonloch betreffend, beeinflussen unsere Jugend ebenfalls. Ängste vor wesentlich schlechteren Lebensbedingungen in der Zukunft können gleichfalls zu einem resignativen Verhalten führen.

Dynamische Einengung

Das zweite Problem, das zur situativen Einengung hinzukommt, ist die spezifische Stimmung, die derartige Situationen begleitet. Ein Gefühl der Hoffnungslosigkeit und Verzweiflung, Depression oder Resignation (»Ich kann ja doch nichts ändern«) kann zu verschiedenen Reaktionen von Passivität bis hin zur Panikreaktion führen. Werden sie nicht erkannt und aufgefangen, bekommen sie eine machtvolle Eigendynamik und können schließlich einen Suizidversuch auslösen.

Sebastian litt zunächst unter der Trennung von seinem besten Freund. Er wurde sehr traurig und schließlich auch wütend, als der Streit über lange Zeit anhielt. Durch diese Wut war er in der Schule oft streitsüchtig, eckte bei immer mehr Kindern an. Sebastian hatte keine Vorstellung davon, wie er etwas verändern könnte. Er war völlig hilflos und traurig. Gleichzeitig verstärkte die familiäre Misere sein Gefühl von Hoffnungslosigkeit. Er hatte keine Bewältigungsstrategien zur Verfügung, um aus seiner eingeschränkten Gefühlswelt zu entfliehen. Er konnte sich auf nichts mehr konzentrieren. Seine Gedanken drehten sich im Kreis. Die gesamte Welt kam ihm entsetzlich und seine Situation völlig aussichtslos vor.

Fehlende Bewältigungsstrategien

Mit solch einem depressiven Grundgefühl ziehen sich viele Kinder und Jugendliche häufig von ihrem Freundeskreis zurück, hören zum Beispiel lieber in ihrem Zimmer Musik, als nach draußen zu gehen. Hier wird ein Teufelskreis sichtbar: In einer bedrückten Stimmung hören sich die jungen Menschen in der Regel solche Musik an oder lesen Texte, die diesen Gefühlen entsprechen. Dies wiederum verstärkt ihre Gemütsverfassung, und es wird Eltern und Erziehern nur mit viel Geduld möglich sein, sie da wieder herauszureißen. Denn vor allem Jugendliche beharren in ihrem starken Autonomiebedürfnis auf selbst gewählten Rückzugsräumen und sind oft schwer zugänglich.

Grundvoraussetzung dafür, dass wir Zugang zu ihnen bekommen, ist es, die Gefühle der Kinder und Jugendlichen ernst zu nehmen. Mit Aufforderungen wie »Nun nimm dich doch mal zusammen«, »Lass dich nicht so gehen« oder »In deinem Alter musste ich noch mit ganz anderen Dingen fertig werden« können wir sicher sein, dass die jungen Menschen sich unverstanden fühlen und wir sie auf der emotionalen Ebene verlieren.

Kinder ernst zu nehmen bedeutet auch, dass wir ihnen den Freiraum und die Akzeptanz geben müssen, ihre Gefühle auszuleben. Solange unsere Kinder »lieb« sind, sie sich freuen, lachen und fröhlich sind, haben wir keine Probleme, sie so anzunehmen, wie sie sind. Wir können beruhigt und stolz auf unseren Nachwuchs blicken.

Was ist aber mit all den anderen Gefühlen, die ebenfalls ein Teil unseres Lebens sind? Wie reagieren wir, wenn die Kinder Kritik anbringen wollen, wenn sie ärgerlich, wütend oder verzweifelt sind? Häufig passen diese Emotionen nicht in unser Bild vom Kind, wie wir es haben wollen. Oder wir haben (scheinbar) nicht genügend Zeit, um uns darum zu bemühen, diese Gefühle ernst zu nehmen und sie zu hinterfragen. Was steckt dahinter, wenn mein Kind sich zurückzieht und kaum etwas isst? Was will es von mir, wenn es tobt und mich beschimpft? Was ist passiert, wenn es wütend auf andere ist und sie am liebsten auf den Mond schießen will?

Kinder müssen lernen können, dass alle Gefühle, die wir haben, zu uns gehören. Genauso, wie wir nett, zuvorkommend und hilfsbereit sein können, sind wir auch aggressiv, traurig oder verletzend. Wir können den Kindern vorleben, dass dies alles zum Leben gehört, und sie gleichzeitig lehren, mit diesen Gefühlen adäquat umzugehen. Zu diesen Fähigkeiten gehört auch zu lernen, die eigenen Gefühle zu akzeptieren und sie zu hinterfragen. Unsere Kinder sehen uns als Vorbilder, und wir sollten versuchen, als solche zu leben!

Wertmäßige Einengung

Die genannten Punkte führen direkt zum dritten Problem: der wertmäßigen Einengung. In Situationen, in denen – zumindest unserer Wahrnehmung nach – alles schief läuft, fällt es uns schwer, an uns zu glauben. Wir fühlen uns wert- und nutzlos.

Vor allem Schulkinder können in den Teufelskreis kommen, sich immer weniger und schließlich gar nichts mehr zuzutrauen. Schwere Probleme der beziehungsweise mit den Eltern können zu Schulschwierigkeiten führen. Die Kinder schreiben die ersten schlechten Noten. Die Eltern schimpfen und reagieren häufig mit Liebesentzug. In der Schule zeigen die Lehrer ihre Enttäuschung, und die Mitschüler fangen an zu hänseln. Viele junge Menschen beginnen in solchen Situationen an sich selbst zu zweifeln. Was kann ich überhaupt noch? Wer mag mich überhaupt? Was bin ich denn noch wert?

»Was bin ich wert?«

Kinder müssen an sich glauben können und spüren, dass sie geliebt und geschätzt werden. Sie können im Geliebtwerden einen Sinn für ihre Existenz finden. Weil meine Eltern mich lieb haben, bin ich viel wert!

Manche Kinder haben das Gefühl, den Eltern im Weg zu stehen. Wenn sie nicht wären, würden sich die Eltern wieder besser verstehen. Ein junges Mädchen erzählte während einer Therapiestunde, dass ihre Mutter bei einem Wutausbruch schrie: »Seit du auf der Welt bist, trinkt Papa wieder.« Dieses Mädchen glaubte, allein durch seine Existenz große Schuld auf sich geladen zu haben. Sie bereite ihren Eltern nur ein einziges Problem, sei nichts wert. Die enge Verknüpfung des Alkoholismus ihres Vaters mit ihrer Existenz konnte erst im Laufe mehrerer Sitzungen langsam gelöst werden.

Andere Kinder haben das Gefühl, dass sie nur eine Last sind; wieder andere vermuten, dass ihre Eltern es gar nicht wahrnehmen würden, wenn sie nicht mehr lebten. Sie fühlen sich so einsam und wenig beachtet, dass sie testen wollen, ob überhaupt irgendjemandem ihre Abwesenheit auffällt.

Sebastian wurde von seinem besten Freund entwertet, dieser wollte mit ihm nichts mehr zu tun haben. Die Eltern kümmerten sich wenig um ihn. Sie waren mit ihren eigenen Problemen beschäftigt. Aus Sebastians Sicht war er es ihnen nicht wert, dass sie nach seinen Problemen fragten. Er kam immer mehr zu dem Schluss, dass er nichts taugte. Durch die Prügel seines Vaters wurde dieses Gefühl enorm verstärkt. Sebastian fühlte sich von seinem Vater gedemütigt und wehrlos. Als er schließlich auch noch ein schlechtes Zeugnis bekam, war dies für ihn die letzte Bestätigung. Hier hatte er es nun schwarz auf weiß: Er war ein wertloser Versager.

Die Fragen »Was bin ich wert?« und »Bin ich es wert, geliebt zu werden?« gehören zu den wichtigsten Themen unseres Lebens. Wenn wir unseren Kindern von klein auf vermitteln können, dass sie uns wichtig sind, geben wir ihnen ein zentrales Fundament zur Bewältigung ihrer späteren Lebensprobleme. Wenn wir in uns die Grundfestigkeit unseres Werts haben, können wir viele Krisen unbeschadet überstehen, ja sogar gestärkt daraus hervorgehen.

Zwischenmenschliche Einengung

Wenn sich die Lebensbedingungen und die Gefühlswelt immer mehr einengen, wir zunehmend trauriger und verzweifelter werden, bleibt uns kaum mehr die innere Freiheit, unbeschwert auf andere zuzugehen. Die meisten Menschen ziehen sich in Zeiten der Hoffnungslosigkeit eher zurück, als dass sie sich Hilfe holen. Viele haben auch schon die Erfahrung gemacht, dass depressive Stimmungen von anderen nicht erwünscht sind. So lernen wir von klein auf, dass wir doch wesentlich angenehmere Mitmenschen sind, wenn wir fröhlich und strahlend der Welt begegnen.

Mit Sätzen wie »Nun lach doch wieder« oder »Lass den Kopf nicht hängen« wollen wir zwar einerseits Mut zusprechen, manchmal sprechen wir aber auch etwas weg. Wenn wir zu schnell am Trösten sind, wird einiges gar nicht erst ausgesprochen, was in vielen Situationen auch heilsam hätte sein können. Wenn wir – umgekehrt – zu viel schlucken müssen und wenn wir spüren, dass unsere Umwelt mit unseren Problemen nicht umgehen kann, sich keine Zeit nimmt zuzuhören, fangen wir an, uns zurückzuziehen.

Sebastian fand zu Hause kein offenes Ohr für seinen Kummer mit seinem Freund. Seine Eltern waren sehr stark mit ihren eigenen Problemen belastet und nahmen seine Probleme kaum wahr. Vielleicht erschien ihnen aus ihrer Erwachsenenperspektive Sebastians Problem geradezu belanglos im Gegensatz zu ihrem eigenen. Er zog sich immer mehr zurück von seinen Eltern, aber auch von seinen Freunden und verbrachte die Zeit lieber allein. Die Einsamkeit passte innerlich zu seiner Gefühlswelt, aber verstärkte diese auch.

Aggressionsumkehr

Ein wichtiger Aspekt des suizidalen Verhaltens ist die Aggression. Die Aggression richtet sich hier nicht gegen andere Menschen, Institutionen oder Sachen, sondern gegen die eigene Person. Es gibt sehr unterschiedliche Aggressionstheorien. Strittig ist vor allem, wie eng der Begriff definiert werden soll

– vom aktiv-kämpferischen Verhalten bis hin zur Zerstörungswut –, ob es sich um ein angeborenes, instinktives Verhalten oder um die Reaktion auf Frustration handelt. Klar ist aber: Frustrationen können Aggressivität auslösen oder verstärken.

Wenn wir versuchen, etwas zu erreichen oder zu bekommen, und es gelingt uns nicht, stellt dies eine Frustration dar. Wie schnell und wie tief wir enttäuscht sind, das heißt, wie hoch unsere Frustrationsschwelle ist, die uns aggressiv macht, hängt von der Persönlichkeit jedes Einzelnen und den bereits bestehenden Vorerfahrungen ab.

Ein Kind, das immer wieder versucht, die Aufmerksamkeit und Wertschätzung der Eltern zu erlangen, und keinerlei Erfolg dabei hat, kann immer ruhiger, aber auch frustrierter werden. Vielleicht schlägt es anfangs noch um sich, zerstört das Spielzeug oder quält den Hasen, aber irgendwann kann der Punkt kommen, wo sich diese Aggression nach innen wendet und das Kind sich selbst verletzt.

Dieser Rückzug beziehungsweise die scheinbare Ruhe ist oft bei Menschen zu finden, die dann plötzlich Amok laufen. Amok ist ein malaysisches Wort und bedeutet Wut, Raserei. Amokläufer sind fast immer einsame Menschen, die als zurückgezogen gelten und Schwierigkeiten haben, soziale Bindungen einzugehen. Sie entwickeln Wut auf die Menschheit, die – nach ihrer Wahrnehmung – offensichtlich glücklich und problemlos in einer Welt lebt, an der sie nicht teilhaben können. Diese Wut wird ständig größer, bis sie in wilder Raserei ausbricht und schließlich auch gegen sich selbst gerichtet wird.

Aggression und Auto- beziehungsweise Selbstaggression ist häufig bei Mädchen zu finden, die sexuell missbraucht werden. Da dieser Missbrauch oft über den eigenen Vater oder sonstige Verwandte oder Bekannte geschieht, erhalten die Mädchen in vielen Fällen keinerlei Hilfe von außen. Niemand will wahrnehmen, was geschieht. So entsteht für die Kinder oder Jugendlichen eine situative Einengung, der sie ohnmächtig gegenüberstehen. Sie werden in vielfältiger Weise verletzt, fühlen sich der Situation hilflos ausgeliefert und gleichzeitig beschämt, da sie ja »mitgemacht« haben.

Auto- oder Selbstaggression

Für die Wendung der Aggression gegen die eigene Person gibt es mehrere Motive:

- Die Person oder die Situation, die uns aggressiv macht, erscheint uns übermächtig. Gegen sie zu kämpfen wäre aussichtslos.
- Unsere Liebe und Achtung der Person gegenüber, die uns verletzt hat, verbietet uns, aggressiv gegen sie zu werden.
- Wir fürchten, die Kontrolle über unsere Aggression zu verlieren und maßlos zerstörerisch zu werden. Es wäre beschämend für uns, heftige Gefühle zu äußern.

In Situationen großer Hoffnungslosigkeit liegt es sehr nahe, die Aggression, die nicht nach außen gerichtet werden kann, gegen sich selbst zu kehren. Es erscheint leichter, sich selbst zu verletzen, als noch einmal Schuld auf sich zu laden und die scheinbar übermächtige Welt zu bestrafen.

Viele missbrauchte Kinder und Jugendliche greifen nach dem Messer und ritzen sich auf oder drücken Zigaretten auf ihrer Haut aus. Die Autoaggression dient als Ventil. Der Alkohol- und Drogenkonsum vieler Jugendlicher kann ebenfalls als Autoaggression sowie als Flucht gewertet werden. – Die meisten wollen nicht sterben, aber *so* nicht mehr leben!

Als Sebastian von seinem Freund im Stich gelassen wurde, fühlte er sich verletzt, aber auch wütend. Zu Hause erging es ihm nicht besser. Auch hier konnte er nicht mit Verständnis rechnen, stattdessen wurde er von seinem Vater geschlagen. Sebastian lebte in ständiger Angst vor Schmerz und Demütigung, und dies machte auf Dauer auch sehr wütend. Aber er hatte keine Chance, seine Wut und seine Enttäuschung seinen Eltern unmittelbar klarzumachen. Aus Angst vor erneuten Prügeln fraß er seine Wut in sich hinein und ließ sie an seinen Spielsachen raus. Er zerstörte seine Eisenbahn, schnitt die Blätter seiner Pflanzen ab und begann mit seinem Schnitzmesser seine Haut aufzuritzen. Schließlich war sein schlechtes Zeugnis der letzte Auslöser für sein suizidales Verhalten. Die Angst vor dem Vater, das Gefühl, ein Versager zu sein, wurden zu übermächtig. Er kehrte seine Aggression gegen sich und schnitt sich die Pulsadern auf.

Suizidphantasien

Phantasien über eine andere Lebensform oder Situation kennt vermutlich jeder Mensch. »Ach, wäre es schön, wenn ...!«

Auch Suizidgedanken sind den meisten Menschen vertraut. Bei Menschen, die nicht gefährdet sind, können diese Gedanken ausschließlich in ihrer Phantasie bleiben. Für viele wirkt es schon beruhigend, sich vorzustellen, sie *könnten* sich umbringen. Die phantasierte Möglichkeit gibt ihnen wieder Kraft. Nach Erwin Ringel ist dies die erste, für jeden Menschen normale Stufe von drei verschiedenen Stadien der Suizidphantasien.

Je stärker die dynamische Einengung wird, je unglücklicher jemand wird, desto stärker beschäftigen ihn Suizidgedanken. Er phantasiert sich zunehmend in andere Zustände oder Welten hinein. Die meisten Menschen, die auf dieser Stufe – der zweiten nach Ringel – stehen, wollen nicht tot sein, sondern nur der Hölle, in der sie leben, entkommen. Aus dem Gedanken an das Anderssein, Totsein können nun konkrete Phantasien entstehen, Vorstellungen, wie man Hand an sich legen könnte.

Aus zunächst noch vagen Gedanken können sich schließlich in der dritten Stufe ernsthafte Pläne entwickeln, die in allen Einzelheiten ausgemalt werden. Der Schritt zur realen Handlung ist dann nicht mehr weit.

Als Sebastian von seinem Vater verprügelt wurde und einsam und beschämt in seinem Zimmer saß, dachte er als Erstes: »Ich will weg. Ich kann das hier keinen Moment mehr aushalten.« Mit jeder weiteren Demütigung wurden seine Gedanken deutlicher, und er begann darüber nachzudenken, *wie* er sich umbringen würde, wenn er es täte. Sein Schnitzmesser schien ihm wie geschaffen. Das Wissen, dass er bereits ein geeignetes Werkzeug hatte, beruhigte ihn zunächst. Als er schließlich sein schlechtes Zeugnis bekam, brachte dieser Tropfen sein inneres Fass voller Angst zum Überlaufen. Er schnitt sich die Pulsadern auf.

Suizidtheorien

Wie das Wort schon sagt, sind Suizidtheorien nur Theorien und können einen Einzelfall nie exakt beschreiben. Trotzdem sollen hier kurz die wichtigsten Lehrmeinungen als Informationshintergrund vorgestellt und damit Zusammenhänge mit dem realen Leben hergestellt werden. Diese Theorien können jedoch nur dazu dienen, das Unfassbare ein wenig fassbarer zu machen.

Wir haben bereits von aktuellen Auslösern von Suizidalität gesprochen und von lang andauernden Motiven. Doch hinter diesen Motiven stehen immer Ursachen, die in der Regel in der frühen Kindheit zu finden sind. Die Entstehungsgeschichte dieser Ursachen kann durch die folgenden Theorien erklärt werden.

Die soziologische Suizidtheorie

Als Klassiker der soziologischen Suizidtheorie gilt Émile Durkheims Werk *Le Suicide*, das bereits 1897 in Paris erschienen ist und nach wie vor einen unverzichtbaren Beitrag zum Verständnis des Suizids liefert. Nach Durkheim ist – etwas verkürzt ausgedrückt – der Zustand der jeweiligen Gesellschaft für den Suizid eines Individuums verantwortlich.

Geht man von dieser Hypothese aus und betrachtet damit die Zahlen des Statistischen Bundesamtes (1998 starben zum Beispiel 11 644 Menschen durch Suizid), so stellt dies unserer Gesellschaft kein gutes Zeugnis aus. Und tatsächlich kann man sich fragen, inwieweit unser Leistungsdenken, unsere Egomanie sich auch auf die Entwicklung unserer Kinder auswirken, denn nie haben die einzelnen Menschen sich so in den Vordergrund gestellt wie in den letzten Jahren.

Durkheim unterscheidet zwischen vier verschiedenen Suizidformen: dem egoistischen Suizid, der aus einem Mangel an Gemeinschaftsbewusstsein resultiert, dem altruistischen als dessen Gegenstück, dem anomischen Suizid, der durch einen Zustand der Normlosigkeit beziehungsweise Regellosigkeit des Handelns entstehen kann, und schließlich dem fatalistischen Suizid als Ausdruck einer überstarken Reglementierung. Durkheim trennt hier zwei unterschiedliche Aspekte, den der Gemeinschaft und den der Normen. In der Praxis gehen diese Formen jedoch Hand in Hand.

Der egoistische Suizid

Nach Durkheim entsteht diese Suizidform aus einem Mangel an Gemeinschaftsbewusstsein. Der Grundkern seiner Überlegung ist die Tatsache, dass der Mensch ein soziales Wesen ist und einen Lebenssinn braucht. Dieser ist jedoch nur spürbar und erfüllbar durch die Zugehörigkeit zur Gesellschaft beziehungsweise zu einer Gruppe. Wichtig ist dabei der Grad der inneren Verbundenheit mit dieser Gruppe. Je stärker wir uns mit ihr verbunden, zugehörig fühlen, desto besser kann diese Gruppe dazu beitragen, uns einen Lebenssinn zu geben und mit diesem Fundament persönliche Krisen zu überwinden.

Mangel an Gemeinschaftsbewusstsein

Was haben wir nun unseren Kindern mehr als 100 Jahre später zu bieten? Unsere gesellschaftlichen Strukturen verändern sich in vielfältiger Art und Weise. Die Scheidungsrate steigt ständig. Die Zahl der Stieffamilien mit all ihren Problematiken nimmt mehr und mehr zu. Fast jedes vierte Kind wird nicht in seiner Ursprungsfamilie groß oder lebt nur mit einem Elternteil zusammen. Die vaterlose Familie wird allmählich immer häufiger zur Normalfamilie.

Viele Kinder wachsen als Einzelkinder auf und haben damit wenig Chancen, streiten und teilen zu lernen. In vielen Fällen bekommen sie dadurch nicht genügend Erfahrung, sich Konflikten innerhalb der Familie zu stellen, womit sie aber gleichzeitig eine Möglichkeit verlieren, ein Gefühl von Gemeinschaft zu entwickeln. Zudem wird der Kontakt zu Verwandten mehr und mehr abgebaut. Die Vernetzung nimmt ab und damit auch die soziale Verantwortlichkeit.

Fernsehprogramme, Videos, Gameboys und Computer werden zu den bevorzugten Ammen. Die Kindheit nimmt immer autistischere Züge an. Die Zugänglichkeit der Medien tut ein Übriges, um Kinder von gemeinschaftlichen Unternehmungen abzuhalten.

Vielen Eltern fehlen positive Erziehungsziele. Wir müssen uns in unserer Zeit mehr denn je Gedanken darüber machen, was wir unseren Kindern mitgeben wollen. Gleichzeitig müssen wir uns selbst fragen: Was leben wir unseren Kindern vor?

Dies soll keine fundamentale Gesellschaftskritik sein. Viele Veränderungen sind nicht aufzuhalten oder haben durchaus positive Aspekte. Trotz allem soll auf die Auswirkung der Vereinzelung des Menschen hingewiesen werden, denn diese wirkt sich zum Teil gravierend auf Kinder und Jugendliche aus. Mehr denn je verändert sich unsere Gesellschaft von einer Gemeinschaft zu einem Nebeneinander von Masseneremiten, und diese fühlen sich in der Konsequenz häufig allein und im Stich gelassen.

Viele Jugendliche suchen Halt in einer Gemeinschaft durch den Anschluss an Gruppen mit strikten Regeln und Normen. Dort wird das Bedürfnis nach Autoritäten erfüllt und eine Form von Gemeinschaftsgefühl vermittelt, die häufig gepaart ist mit Aggressionen nach außen, wie zum Beispiel bei Sekten und neofaschistischen Gruppen. Es handelt sich um Aggressionen, die nicht zuletzt durch das Alleingelassenwerden in unserer Gesellschaft, durch lange erlebte Beziehungslosigkeit innerhalb der Familie und eine damit verbundene Sinnlosigkeit entstanden sind.

Denselben Ursprung können Autoaggressionen und damit suizidale Handlungen haben. Mit dem Mangel an Gemeinschaft wird ein Mangel an Lebenssinn erfahren. Viele Kinder und Jugendliche haben das Gefühl für Verbundenheit und ein gemeinsames Ziel verloren oder nie entwickelt. Und gerade in Krisensituationen kann vor allem das Eingebundensein in eine intakte Gemeinschaft, das heißt in erster Linie Familie, aber auch Freundeskreis, Schule oder Kirche, vor suizidalem Handeln schützen.

Der altruistische Suizid

Manche Familien bieten – im Gegensatz dazu – wiederum keinen oder nur wenig Freiraum, um ein eigenständiges Ich zu entwickeln. Genauso wie ein zu geringes Maß an Zugehörigkeit kann ein zu großer Druck auf das Individuum schädlich sein und schließlich aus einer Einengung heraus zum Suizid führen.

Durkheim spricht hier von einer »verkümmerten Identität«, die dadurch entstehen kann, dass die jungen Menschen kaum eine Chance haben, sich als eigenständiges Individuum zu erleben. Dies kann vor allem in Familien geschehen, deren Mitglieder in einer starken Abhängigkeit zueinander leben, wenn alle nur für die Familie zu leben scheinen.

»Verkümmerte Identität«

Ein junger Mann erzählte uns nach einem Suizidversuch, wie er als Kind unter dem versteckten Alkoholismus seines Vaters gelitten hatte. Es handelte sich um eine angesehene Familie. Der Vater hatte eine gehobene Position, und niemand ahnte, was sich hinter den Mauern ihres Hauses jedes Wochenende ereignete. Während der Woche trank der Vater relativ wenig, doch sobald es Freitag wurde, begann die Tortur. In angetrunkenem Zustand kam es fast regelmäßig zu einer handgreiflichen Auseinandersetzung zwischen den Eltern, in die auch die Kinder immer mehr mit einbezogen wurden. Der kleine Junge lernte schon früh, dass es sich hier um ein Familiengeheimnis handelte, das auf keinen Fall nach außen dringen durfte. Die Ehre der Familie galt als das Wichtigste, was es aufrechtzuerhalten galt und niemals angekratzt werden durfte.

Die Arbeitsstelle des Vaters stand immer auf dem Spiel. Die Drohung musste niemals ausgesprochen werden: Wenn der Junge jemals etwas verraten würde, müsste die Familie und so auch er verhungern.

Hier kamen zwei Aspekte zusammen: Einerseits wurde dem Jungen seine eigene Wertlosigkeit durch die regelmäßigen Schläge bewusst, andererseits durfte er das Familiengeheimnis nicht lüften und sich von außen Hilfe holen. Mit diesem Hintergrund konnte er nie ein eigenes Ich entwickeln, und dies war auch nicht erwünscht. Er war Teil einer engen Symbiose. Wie alle anderen Familienangehörigen durfte er dieses Tabu nicht verletzen. Die Ehre der Familie musste in jedem Falle gewahrt bleiben.

Eines Tages wurde der Junge durch eine Verwechslung eines Diebstahls bezichtigt. Die Familie stand durch diesen Vorfall plötzlich im Rampenlicht der Öffentlichkeit. Genau das, was immer bewusst vermieden wurde, setzte nun durch »sein Verschulden« ein, und er bekam dies von allen Familienmitgliedern deutlich zu spüren. Sein innerer Druck nahm schließlich so zu, dass er als einzigen Ausweg nur noch einen Suizidversuch sah.

Der anomische Suizid

Jeder Mensch ist ein soziales Wesen, und damit ist eine Gemeinschaft für uns (über)lebensnotwendig. Durch den Austausch mit anderen Menschen können wir einerseits wachsen, andererseits unsere Grenzen erkennen. Wie viele leidgeprüfte Eltern wissen, suchen sich Kinder und Jugendliche tagtäglich diese Grenzen.

Durkheim baut seine Theorie über den anomischen, den durch Regellosigkeit hervorgerufenen Suizid anhand unserer

Bedürfnis- und Triebstruktur auf. Jeder Mensch kommt mit einem Bündel an Bedürfnissen zur Welt. Nach Befriedigung unserer biologisch-physiologischen Bedürfnisse wie Essen, Trinken, Schlafen und dem Verlangen nach Sicherheit, Geborgenheit und Liebe richten wir unser Streben auf Bereiche wie Geltung, Macht und Selbstverwirklichung. Diese letztgenannten Bedürfnisse sind jedoch unbegrenzt beziehungsweise brauchen einen klaren Rahmen, um zu einer wirklichen Befriedigung zu kommen. Auch hier wird wieder die Bedeutung von Grenzen im Sinne von Halt und Sicherheit in unserer Gesellschaft deutlich.

Kinder oder Jugendliche sind zunächst nicht in der Lage, sich selbst Grenzen zu setzen. Die Grenzen müssen von außen kommen in Form von verbindlichen Normen. Grenzen zu erhalten hat eine vielfältige Bedeutung. Der Philosoph Martin Buber spricht davon, wie wichtig es ist, am Du zum Ich zu werden, durch den Austausch zu wachsen. Durch die Anerkennung des Du kann mein Ich gedeihen.

Kinder testen instinktiv alle Grenzen aus. Sie erkunden ihre Welt so lange, bis sie eine Grenze gesetzt bekommen. Sie werfen mit Gegenständen, machen verbale Experimente, indem sie ihre Eltern mit Schimpfworten beleidigen, provozieren mit ihrer dreckigen Kleidung oder mit Zuspätkommen. Sie treiben dieses Spiel so lange, bis endlich jemand zu ihnen sagt: »Stopp!« Dieses Stopp gibt den Kindern Halt, sie brauchen keine Angst mehr zu haben, ins Grenzenlose zu fallen.

Kinder brauchen Grenzen

Wenn Kinder innerhalb der Familie keine Grenzen bekommen, versuchen sie es in der nächsten Instanz, der Schule. Sie werden es mit immer aggressiveren Methoden probieren. Nach schlechten schulischen Leistungen oder unbegrenztem Weggehendürfen werden Drogen getestet und wenn auch hier keine Reaktion erfolgt, neigen Kinder und Jugendliche dazu, die nächsthöhere Instanz herauszufordern, die staatliche Ebene, indem sie schließlich kriminell beziehungsweise gewalttätig werden. Diese Spirale leben uns die Jugendlichen deutlich vor. Die Zahl der kriminellen Delikte von jungen Menschen nimmt ständig zu.

Wer mit Kindern und Jugendlichen arbeitet, wird immer wieder feststellen, wie groß das Bedürfnis und die Suche nach Grenzen sind. Vor allem Kinder, deren Grenzen durch die Erwachsenen überschritten wurden – beispielsweise durch Gewalterfahrungen oder sexuellen Missbrauch –, zeigen die Auswirkungen deutlich im Alltagsleben. Durch permanentes, häufig provoziertes Wiederholen ihrer Erfahrungen versuchen sie ständig an ihre Grenze zu gehen, die manchmal, vor allem bei Autoaggressionen, erst kurz vor dem Sterben – als letzte Grenzerfahrung – erlebt wird. Die Problematik sexueller Gewalterfahrungen soll an anderer Stelle noch ausführlicher dargestellt werden.

Eine Möglichkeit, Grenzen zu finden, ist der Anschluss an eine Gruppe, die starke Grenzen, Werte und Normen vermittelt. Beispiele solcher Gruppen sind die bereits erwähnten neofaschistischen Organisationen oder Jugendsekten jeglicher Art.

Der fatalistische Suizid

Diese vierte Suizidart ist als Gegenstück zum anomischen Suizid zu verstehen. Durkheim selbst sprach dieser Form wenig Bedeutung zu. Der fatalistische Suizid ist die Folge einer enormen Regulierung und Disziplinierung durch die Gesellschaft. Die Suizidanten sind einem überstarken Druck in materieller und/oder

Kontrolle und einschränkende Moralvorstellungen

moralischer Hinsicht ausgesetzt, wie es beispielsweise zu Zeiten der Sklaverei der Fall war. Widerstand erscheint zwecklos, der Suizid bleibt als einzige Möglichkeit, sich der unerträglichen Situation zu entziehen.

Wenn es, übertragen auf die heutige Familiensituation, nur noch selten zu dieser Problematik kommt, so ist sie dennoch nicht ganz abwegig. Auch heute noch gibt es Familien, in der sehr starke Kontrolle und eine massiv einschränkende Moral herrschen. Hierzu ein Beispiel:

Eine Jugendliche, die versucht hatte, sich zu vergiften, konnte nach der gelungenen Reanimation im Krankenhaus ein wenig ihr Herz ausschütten. Sie war Einzelkind und stammte aus einem sehr strengen Elternhaus. Neben ihren Eltern lebten noch zwei Tanten mit in der Gemeinschaft, die sich gemeinsam mir ihrer Mutter um ihre Erziehung kümmerten. Von frühester Kindheit an lernte das Mädchen »anständige Manieren«. Sie war immer adrett gekleidet und durfte deshalb niemals wie andere Kinder im Sandkasten spielen. Beim Essen musste sie Bücher zwischen Armen und Brustkorb eingeklemmt halten, damit sie die Hände nicht zu stark bewegte. Da sie ja unter der Obhut von vier Erwachsenen stand, wurde der Besuch eines Kindergartens als überflüssig erachtet. Ab und an wurden »passende« Kinder zum Spielen eingeladen. Die Eltern machten ihr immer wieder klar, dass sie wohl selbst kaum entscheiden könne, wer alles wirklich richtige Freunde wären. Klassenkameradinnen durfte sie erst nach genauer Auskunft über deren Elternhaus mit nach Hause bringen. Mit dieser ablehnenden Haltung der Umwelt gegenüber wurde sie im Lauf der Zeit mehr und mehr zur Außenseiterin.

Das Mädchen war völlig kontrolliert und vereinnahmt von ihrer Familie und konnte kaum Selbständigkeit erlangen.

Sie hatte wenig Gelegenheit, zu erleben, was sie selbst eigentlich wollte, geschweige denn, ihren eigenen Wert zu erkennen. Sie verbrauchte all ihre Energie zum Einhalten der familieneigenen Regeln. Über viele Jahre versuchte sie vergeblich sich zu wehren, und irgendwann gab sie auf. Als sie jedoch in die Pubertät kam, konnte sie diesem familiären Druck nicht mehr standhalten und versuchte schließlich ihrem Leben ein Ende zu setzen.

Diese Extremform familiärer Kontrolle wird es heutzutage vermutlich nicht mehr allzu oft geben. Das Beispiel zeigt trotzdem anschaulich, dass auch die totale Regulierung schwerwiegende Folgen bei der Erziehung unserer Kinder haben kann.

Die Erziehung in unserer Gesellschaft ist schwieriger geworden. Auf der einen Seite hat sich die Menschheit wohl kaum jemals so viele Gedanken über Kindererziehung gemacht wie im 20. Jahrhundert. Auf der anderen Seite müssen wir eingestehen, dass wir trotzdem vieles übersehen. Wir vernachlässigen oder überbehüten unsere Kinder, und diese zeigen uns deutlich, dass es sich *so* nicht zu leben lohnt. Doch wir können ihnen Halt geben durch eine Gemeinschaft, durch gemeinsames Handeln und Zuwendung, auch in Form von angemessenen Grenzen. Damit sind alle Erwachsenen und Berufsgruppen angesprochen, die mit Kindern und Jugendlichen leben und arbeiten. Unter diesem Aspekt hat Durkheim auch nach mehr als 100 Jahren kaum an Gültigkeit verloren beziehungsweise ist aktueller denn je.

Die Narzissmustheorie

Narziss ist ein in der griechischen Mythologie beschriebener schöner Jüngling, der sich in sein eigenes Spiegelbild verliebt. Diese Geschichte aufgreifend, führte Sigmund Freud 1914 den Begriff der »narzisstischen Libido« (psychische Energie) ein, das heißt der libidinösen Besetzung des eigenen Ichs. Als Ausgangspunkt wird ein »Ur- oder Primärzustand« angesehen, den jeder Mensch intrauterin, also bereits vor der Geburt und auch noch in der frühen Säuglingszeit erlebt.

Das Kind empfindet sich zunächst als eins mit der Mutter. Es hat noch nicht das Bewusstsein des Ichs. Die Welt besteht aus diesem Urzustand, der geprägt ist von Lust- beziehungsweise Unlusterlebnissen. Dies bedeutet, das Kind erlebt erst sich selbst, bevor es die Umwelt, abgegrenzt von sich, wahrnimmt.

Zum Zeitpunkt des so genannten Fremdelns macht das Kind zum ersten Mal die Unterscheidung zwischen Mutter beziehungsweise engen Bezugspersonen und Fremden. Erst im Laufe des zweiten bis dritten Lebensjahres entwickelt das Kind sein Ich, das es dann während der Trotzphase sehr deutlich zum Ausdruck bringt. Das Kind betont nun sehr stark sein »Ich« und beharrt darauf, was »meins« ist.

Selbst- und Objektrepräsentanz

Die Lust- und Unlusterfahrungen, die bereits in der Säuglingsphase wahrgenommen werden, werden mit zunehmendem Alter differenzierter, und der Umgang damit stellt eine wichtige Aufgabe des Erwachsenwerdens dar. Durch Unlusterlebnisse machen die Kinder die ersten Erfahrungen des eigenen Ichs. Diese Differenzierung zwischen der »Selbstrepräsentanz« (Was macht mich aus?) und der »Objektrepräsentanz« (Was ist die Umwelt?) stellt einen wichtigen Teil für die Ich-Entwicklung des Kindes dar. Für die Entwicklung des Kindes ist dabei eine Balance zwischen Lust und Unlust zur Reifung seiner Persönlichkeit sehr bedeutend. Es muss lernen, die lustvollen Anteile des Lebens angstfrei zu genießen, aber auch die Unlusterlebnisse zu ertragen und sie als zum Leben dazugehörig zu begreifen.

Kinder, denen alles erlaubt wird, die alles bekommen, was sie wollen, die ständig überbehütet werden und keinen Schritt alleine tun können, erleben sich in einer Art Größenwahn, denn die Welt scheint sich nur um sie zu drehen. Gleichzeitig werden Kinder dadurch auch verunsichert, da sie einerseits wenig Chancen haben, sich wirklich zu erproben, andererseits haben sie oft ein instinktives Gefühl für die Künstlichkeit dieser behüteten Situation. Bei derart überbehüteten Kindern reicht oft eine kleine Bemängelung durch ihre Umwelt, um sie bereits in einen Abgrund zu stürzen. Es ist deshalb eine wichtige Sozialisationsaufgabe des Menschen, bereits in der Kindheit zu lernen, Frustrationen auszuhalten. Kinder müssen auf Frustrationen im Erwachsenenleben vorbereitet werden und schon frühzeitig Bewältigungsstrategien entwickeln.

Dabei ist es jedoch wichtig, dass diese Unlusterlebnisse nicht überhand nehmen und das Kind nicht in einen Zustand von Ohnmacht versetzen. Kinder, die zu viele solcher Erfahrungen machen, die vernachlässigt, häufig geschimpft, geschlagen oder sogar missbraucht werden, erleben dies als äußerst traumatisch. Es entstehen Gefühle von Hilflosigkeit und Ohnmacht und Gedanken wie »Ich bin nichts wert« und »Ich kann nichts«. Diese Gefühle können sich auch umwandeln in Selbstüberschätzung und maßlose Ansprüche zur Abwehr des Gefühls von Wertlosigkeit, sowie in Wut und Hass. Schließlich können sie sich durch massive Aggressionen Luft verschaffen.

Wenn ein Kind emotional verletzt wurde, kann die Wiederherstellung des inneren Gleichgewichts von uns unterstützt werden, indem es erfährt, dass auch wir Erwachsenen Fehler machen, wir diese Irrtümer aber auch eingestehen und uns dafür entschuldigen. Wir führen das Kind damit einerseits aus der Hilflosigkeit heraus und zeigen ihm andererseits, dass jeder Mensch Fehler macht, davon aber nicht die Welt untergeht. Auch wenn wir etwas falsch machen, bleiben wir trotzdem liebenswert. Diese Aussage ist für Kinder besonders bedeutsam, da sie Kritik und Tadel häufig auf ihre gesamte Persönlichkeit beziehen (was auch für viele Erwachsene gilt).

Suizidale Menschen sind in der Regel in ihrem Selbstwertgefühl gestörte Personen. Heinz Henseler stellt in seiner Narzissmustheorie fünf Thesen auf, um die scheinbaren Widersprüchlichkeiten eines suizidalen Menschen zu erklären.

1. Ein suizidaler Mensch ist eine Person, die in ihrem Selbstwertgefühl stark verunsichert wurde.
2. Sie hat ständig Angst, in einen Zustand der Hilflosigkeit oder Ohnmacht zu geraten, aus dem sie sich selbst nicht mehr erretten kann.
3. Um ihr Selbstgefühl zu schützen, verleugnet sie die Realität und idealisiert sich selbst und ihre Umgebung.
4. Wenn dies nicht ausreicht, zieht sich die Person zurück und phantasiert sich in einen harmonischen Primärzustand.
5. Aus dieser Phantasie wird schließlich eine aktive Handlung, die für den Suizidanten befreiend wirkt, da er sich der Entwertung seines Selbstgefühls nicht mehr stellen muss und sich durch den Tod eine scheinbare Ruhe und Geborgenheit einstellt.

Totaler Rückzug oder der Wunsch, vollkommene Ruhe zu haben oder zu verschwinden, erscheint somit als einzige Lösungsmöglichkeit. Adäquatere Mittel der Bewältigung stehen nicht zur Verfügung. Mit diesen Thesen wird auch erklärt, warum suizidale Menschen häufig ein übersteigertes Harmoniebedürfnis haben. Oft schwanken sie zwischen Größenwahn und Minderwertigkeitsgefühl sowie Macht- und Ohnmachtsgefühlen, wie Alfred Adler dieses Phänomen beschrieben hat.

Zwischen Größenwahn und Minderwertigkeitsgefühlen

Ein gesundes Selbstwertgefühl als Zeichen von innerer Sicherheit und Wohlbehagen kann ein Kind nur entwickeln, wenn es eine hohe Sicherheit und Wertschätzung vonseiten der Eltern erlebt und, darauf basierend, gleichzeitig lernen kann, mit Unlusterfahrungen umzugehen. Das bedeutet, dass Kinder eine Mischung aus Liebe und Zuwendung erleben, sich wertgeschätzt und in ihrer Person ernst genommen fühlen müssen. Parallel dazu sollten sie die Möglichkeit haben, Konflikte durchzustehen beziehungsweise Konfliktstrategien zu entwickeln. Nur so werden Streitereien mit Freunden oder schlechte Noten in der Schule weniger Anlass für suizidale Gedanken sein.

Die Fragen »Was bin ich wert?«, »Was mögen meine Eltern an mir?« und »Kann man mich überhaupt mögen und warum?« gehören zu den zentralen Überlegungen bei der Findung des eigenen Selbstwerts. Umgekehrt sind Aussagen wie »Ich bin sowieso nur allen eine Last!« Zeichen eines Verlusts dieses Wertes.

Viele Kinder haben ihr Selbstwertgefühl früh verloren oder nur mangelhaft ausgebildet. Auch hier kommen wir wieder auf die Beispiele mit Gewalterfahrungen jeglicher Art. »Wie kann ich liebenswert sein, wenn ich doch geschlagen oder missbraucht werde?«, »Was habe ich falsch gemacht?« oder »Bin ich schuld daran, dass meine Eltern sich haben scheiden lassen? Ich war doch damals nicht brav!« sind typische kindliche Fragen und Zweifel, die ihren Selbstwert erschüttern. Nur dadurch, dass wir uns für unsere Kinder Zeit nehmen, sie wahrnehmen und ihnen zuhören, können wir ihnen zeigen, dass wir sie ernst nehmen und was sie uns wert sind.

Lerntheoretisch-sozialpsychologische Erklärungsansätze

Lerntheoretiker gehen davon aus, dass unser gesamtes Verhalten erlernt ist. Es wird zwischen drei Formen des Lernens unterschieden: der klassischen Konditionierung, der instrumentellen Konditionierung und dem Modelllernen. Die Lernpsychologen interessieren sich daher weniger für den vollzogenen Suizid als vielmehr für die erlernten Strukturen, die zu suizidalem Verhalten führen.

Jeder Mensch entwickelt im Laufe seines Lebens ein bestimmtes Verhaltensrepertoire. Ein Baby, das regelmäßig die Mutter beim Zubereiten der Nahrung beobachtet, wird bereits beim Gang in die Küche in freudige Erregung ausbrechen. Es handelt sich hierbei um die *klassische Konditionierung*, bei der zwei Reize miteinander gekoppelt werden (hier Mutters Gang in die Küche mit der eigenen Lust).

Wenn es später die ersten Bauklötze aufeinander stellt oder die ersten Zeichnungen anfertigt und dabei gelobt wird, ist die Wahrscheinlichkeit sehr groß, dass das Kind diese Handlungen wiederholt. Man nennt dies *instrumentelle* oder *operante Konditionierung*. Das Kind tut etwas und wird dafür belohnt. Es lernt dadurch, dass es gut ist, diese Handlung auszuführen, und wird dadurch motiviert, das Gleiche wieder zu tun. Doch nicht nur Belohnung, auch Bestrafung ist ein Aspekt des instrumentellen Konditionierens. Das Kind lernt durch die Bestrafung, dass es ein bestimmtes Verhalten nicht mehr zeigen soll. Wenn ein Kind allerdings die Bestrafung als einzige Möglichkeit lernt, irgendeine Zuwendung – wenn auch in negativer Form – von den Eltern zu bekommen, wird es auch weiterhin dieses negative Verhalten zeigen. Auf diese Weise erhält es wenigstens ein bisschen Beachtung von den Eltern. Das bedeutet, das Kind wird dadurch negativ verstärkt, und es wird vermutlich dieses Verhalten wiederholen.

Klassische Konditionierung, instrumentelle Konditionierung, Modelllernen

Eine Form der instrumentellen Konditionierung ist das Vermeidungslernen. Wenn Kinder oder Jugendliche bereits die negative Erfahrung gemacht haben, dass beispielsweise bei schlechten Zeugnissen massive Strafen drohen, und wenn sie bei erneuten schlechten Zensuren keine sinnvolle Konfliktstrategie entwickeln konnten, versuchen sie unter Umständen, die negativen Situationen zu vermeiden, indem sie sich zum Beispiel immer mehr in Lügengeschichten verstricken. Auf diese Weise müssen sie sich nicht stellen. Sie vermeiden die unangenehme häusliche Situation. Meist werden sie über lange Zeit indirekt für dieses Handeln belohnt, indem die Strafe ausbleibt. Wenn aber das Lügengebäude zusammenfällt, stehen die jungen Menschen ohne eine Strategie da, die ihnen hilft, das Problem in einer anderen Weise anzupacken. Vermeiden funktioniert nicht mehr. Da nun auch noch ihre Scham hinzukommt, kann es sein, dass sie eine suizidale Handlung eventuell als die einzig mögliche Lösung ansehen.

Die dritte Lernmethode ist eine Methode, die alle Eltern früh an ihren Kindern beobachten können, nämlich das *Lernen am Modell.* Über die Jahre hat ein Kind viel Zeit für Beobachtungen. Es wird beispielsweise sehen, wie die Eltern telefonieren, und es wird dies irgendwann ebenfalls ausprobieren wollen. Es lernt mit den Puppen so zu sprechen, wie die Eltern mit ihm reden, oder die Gabel in gleicher Weise zu halten. Aber genauso lernt es, wie die Eltern miteinander streiten und sich beschimpfen, das heißt ganz generell, wie die Eltern mit Konflikten umgehen. Es lernt, ob sich die Eltern den Problemen stellen oder selbst unsicher und hilflos darauf reagieren. Die Theorie des Modelllernens kann auch als hilfreicher Erklärungsansatz für die Tatsache dienen, dass man bei Betrachtung einer betroffenen Familie häufig weitere suizidale Verhaltensweisen innerhalb der Verwandtschaft findet. Diese Modelle können auch außerhalb der Familie gefunden werden, beispielsweise bei den Idolen der jungen Menschen. Nach Suiziden von berühmten Stars kommt es bei Jugendlichen manchmal zu wahren Nachahmungswellen.

Die erlernte Hilflosigkeit ist ein weiterer wichtiger Aspekt der Lerntheorie. In seinem Sicherheitsbedürfnis ist der Mensch stets bestrebt, seine Umwelt zu beeinflussen. Dies kann man bereits bei Babys beobachten: Ein Kind lächelt und ruft dadurch ein Lächeln seiner Mutter hervor. Ein Verlust an Einflussmöglichkeit wird als Hilflosigkeit erlebt, die je nach Schweregrad suizidales Verhalten auslösen kann. Wenn ein Kind das Gefühl hat, zu Hause nicht mehr wahrgenommen zu werden, überflüssig zu sein, oder häufiger Gewalt ausgesetzt ist, lernt es hilflos zu sein gegenüber seiner Umwelt. Diese Hilflosigkeit wirkt sich meist auf die gesamte Persönlichkeit aus. Manchen jungen Menschen fällt es dann entsprechend

Erlernte Hilflosigkeit

schwer, bei schlechten Zensuren eine Lösung zu finden. Es kann sein, dass ihnen bestimmte Leistungen tatsächlich nicht möglich waren oder dass sie – aus welchen Gründen auch immer – unfähig waren, ausreichend zu lernen. Sie haben das Gefühl oder die Angst, selbst den Einfluss auf ihre Schulnoten nicht wiederzuerlangen.

Manchmal steckt jedoch auch eine meist unbewusste Motivation hinter einem Schulversagen. So erscheinen schlechte Zensuren für Kinder mitunter als einzige Möglichkeit, die Aufmerksamkeit der Eltern auf sich zu ziehen, damit wahrgenommen und weniger hilflos zu werden.

Der zwölfjährige Sascha kam aufgrund seiner Verhaltensauffälligkeiten in Therapie. Seine Eltern hatten ihn ein Jahr zuvor in eine Wohngruppe gegeben. Seine beiden jüngeren Geschwister lebten weiterhin zu Hause und wurden als leuchtende Vorbilder dargestellt. Seine Versuche, sich zu Hause unauffällig zu verhalten und damit das Wohlwollen seiner Eltern zu erreichen, wurden wenig honoriert. Wie viele Kinder fand auch er unbewusst als einzige Möglichkeit, von seinen Eltern Aufmerksamkeit zu erhalten, das Schreiben schlechter Noten. Erst durch das Aufzeigen dieses Systems konnte sich das Verhältnis zu den Eltern allmählich bessern. Und damit wurden auch die Zensuren besser.

Wenn das Gefühl der Hilflosigkeit übermächtig wird, können solche Situationen Auslöser für suizidales Verhalten sein. Wenn Kinder keine Möglichkeit mehr sehen, die Aufmerksamkeit der Eltern zu erlangen, greifen sie in ihrer Verzweiflung zu solch drastischen Mitteln. Für uns heißt dies in der Konsequenz, dass wir ausreichend Zeit für die jungen Menschen haben müssen. Nun werden einige Eltern vielleicht denken: »Wenn wir zu Hause sind, dann sind sie gerade weg.« Dies ist tatsächlich häufig der Fall. Aber es ist für Kinder und auch für Jugendliche dennoch wichtig, dass sie rein theoretisch immer nach Hause kommen können und wissen, dass die Mutter oder der Vater (zumindest bald) anwesend sein werden, dass sie mit ihnen sprechen können und wahrgenommen werden. Gerade das Wahrgenommenwerden ist für Kinder und Jugendliche ein starker Gradmesser ihres Wertes.

Ein Kind, das beispielsweise von Freunden in irgendeiner Form gequält wird, kann sich bei einem intakten, im Sinne von wahrnehmenden und zuhörenden Elternhaus besser wehren. Es wagt eher, zu Hause sein Problem anzusprechen, und kann auf diese Weise direkte Hilfe oder Vorschläge von den Eltern bekommen.

Kinder, die von den Eltern häufig geprügelt oder in unterschiedlichen Formen missbraucht werden, fühlen sich ihrem Schicksal hoffnungslos ausgeliefert. Dieser Situation zu entrinnen erscheint aus der kindlichen Perspektive völlig ausgeschlossen. Denn je enger die Beziehung zum Auslöser der schwierigen Situation ist (Eltern, Freunde usw.), desto auswegloser stellt sich die Lage dar und desto hilfloser sind die jungen Menschen. Von diesen Aspekten ausgehend, erscheint das Erklärungsmodell, dass eine Situation als zu schwer zu bewältigen angesehen wird und den jungen Menschen keine sinnvolle Konfliktstrategie zur Verfügung steht, für das Suizidverhalten von Kindern und Jugendlichen als äußerst plausibel.

Dies konnten mehrere Untersuchungen belegen, die zeigten, dass bei der Mehrzahl von Jugendlichen mit Suizidversuchen bereits vorher Verhaltensauffälligkeiten auftraten, die als nicht gelungene Versuche gewertet werden können, auf sich beziehungsweise die ungelösten Probleme aufmerksam zu machen. Der Wunsch nach einer Veränderung wurde in den meisten Fällen bereits vorab ausgedrückt, sei es durch Auflehnung, Rückzug oder Weglaufen. Doch bei vielen jungen Menschen führten diese Signale nicht zum erhofften Erfolg und machten deshalb weitere, durchdringendere Schritte »notwendig«, um die Not zu wenden.

Der eklektische Ansatz

Wir haben eingangs dieses Kapitels bereits erwähnt, dass es sich in dem eben Ausgeführten nur um Theorien handelt, die niemals den Einzelfall vollends erklären oder diesem völlig gerecht werden können. Zudem kann im Prinzip jede Theorie, solange sie allein steht, als unzureichend widerlegt werden. Der Mensch ist ein viel zu komplexes Wesen, als dass er durch einen einzigen Ansatz erklärt werden könnte.

Eine Theorie allein ist zu wenig

Uns erscheint es richtig, mehrere Aspekte der verschiedenen Erklärungsansätze nebeneinander – eklektisch – stehen zu lassen. Der soziologische Ansatz ist von größter Bedeutung, um in unserer Welt der Vereinzelung nicht die gesamtgesellschaftlichen Rahmenbedingungen zu vernachlässigen. Trotzdem ist er nicht ausreichend, um individuelle Konfliktsituationen befriedigend zu erklären.

Psychoanalytische Ansätze, von denen hier nur die Narzissmustheorie aufgegriffen wurde, können die individuellen unbewussten Probleme verständlich machen, ersetzen aber nicht andere Theorien, die wesentliche weitere Aspekte beschreiben.

Lerntheoretiker betrachten neurotische Symptome als erlerntes Verhalten. Suizidalität ist für sie die Konsequenz von fehlenden anderen Bewältigungsstrategien, von Imitation und Hilflosigkeit, die durch Ohnmachtserfahrungen erlernt wurde. So stoßen die lerntheoretischen Modelle beim Umgang mit Suizidalen aber an Grenzen. Erst die Integration mit soziologischen, psychoanalytischen und biologischen Theorien ermöglicht eine umfassende Sichtweise.

Biologische Theorien beschäftigen sich mit dem Einfluss von Erbanlagen und mit biochemischen Störungen als Grundlage von Depressionen, Panikattacken und Impulsdurchbrüchen. Die Häufung von Suiziden in bestimmten Familien kann darauf hindeuten, dass es eine erbliche Disposition dafür gibt. Die Forschung darüber ist natürlich sehr schwierig. Eine Häufung von Suiziden in einer Familie kann auch auf dem Erziehungsstil dieser Familien beruhen. Die Zwillingsforschung, die die stärksten Argumente liefern könnte, erbringt bisher jedenfalls noch keine eindeutigen Hinweise.

In der biologischen Forschung spielen auch verschiedene Überträgerstoffe im Gehirn eine große Rolle, vor allem das Serotonin, daneben auch Noradrenalin, Dopamin und andere. Diese Substanzen sind wichtig bei der Übertragung von Erregung zwischen den Gehirnzellen. Veränderungen ihrer Aktivität im Spalt ihrer Nervenendigungen beeinflussen unsere Stimmungen. Allerdings gibt es unterschiedliche Lehrmeinungen darüber, ob nun die Neurotransmitter (wie zum Beispiel Serotonin) die Stimmung beeinflussen oder umgekehrt der psychische Zustand die Neurotransmitter beeinflusst. Die Zusammenhänge sind bis heute nicht eindeutig geklärt.

Alarmzeichen

Bevor Kinder oder Jugendliche einen Suizidversuch begehen, senden sie in der Regel viele Alarmzeichen aus. Die Zeichen können vielerlei Ausprägungen haben und werden aufgrund ihrer scheinbaren Geringfügigkeit häufig nicht erkannt. Wir wollen im Folgenden einige Beispiele für Alarmzeichen geben, die aber nicht immer in der Konsequenz heißen müssen: Mein Kind will nicht mehr leben! Zum einen betonen wir immer wieder, dass in den seltensten Fällen ein junger Mensch tatsächlich nicht mehr leben will. Sie oder er will *so* nicht mehr leben. Zum anderen kann nicht nur *ein* Symptom gesehen und daraus auf den Zustand insgesamt geschlossen werden. Jedoch sollte jedes einzelne dieser aufgeführten Zeichen als Alarmzeichen gewertet werden in dem Sinne, dass es wichtig ist, mit den Kindern oder Jugendlichen zu sprechen. Sie sind in irgendeiner Notsituation, und es ist notwendig, die Not zu wenden!

Notsituationen

Auf einen kurzen Nenner gebracht können wir sagen, dass *jeder* Veränderung des Verhaltens oder des Befindens der jungen Menschen Beachtung geschenkt werden muss. Die folgenden Aspekte sind alle sehr ernst zu nehmen, und es liegt an uns Eltern und Erzieher, gegebenenfalls eine Verbesserung der Lebenssituation der jungen Menschen herbeizuführen.

Auffälliges Verhalten

Auffälliges Verhalten unserer Kinder und Jugendlichen scheint zunächst am leichtesten zu erkennen zu sein. Verhalten ist sichtbar und damit scheinbar klar und deutlich. Und doch nehmen wir viele dieser Verhaltensweisen kaum wahr.

Manche Dinge sehen wir, aber sie erregen unseren Ärger oder sind uns lästig, und viele begreifen wir nicht als Notsignale unserer Kinder.

Schuleschwänzen

Wenn ein Kind die Schule schwänzt, machen sich viele Eltern keine allzu großen Gedanken – vielleicht erinnert es sie an die eigene Kindheit. Grund des Schwänzens kann in manchen Fällen nur das Fehlen der Hausaufgaben oder eine mangelhafte Vorbereitung für eine Prüfung sein. Auffällig wird das Kind oder der Jugendliche durch eine häufige Wiederholung seines Verhaltens. Die Gründe dafür sind unterschiedlich und zum Teil altersabhängig.

Verschiedene Ursachen

Das Verhalten kann allein schulisch bedingt sein. Manche Kinder sind durch die schulischen Ansprüche schlichtweg überfordert. Sie können unter Leistungsschwächen leiden, die von außen viel zu wenig wahrgenommen werden. Andere haben Schwierigkeiten mit Klassenkameraden oder auch Lehrern, isolieren sich oder haben Angst vor den Aggressionen der Mitschüler.

Das Schuleschwänzen kann aber ebenso durch eine schwierige häusliche Situation begründet sein. Manche Kinder fühlen sich dadurch so belastet, dass sie auch dem schulischen Druck nicht mehr standhalten können. Vor allem für Jugendliche erscheint in manchen Situationen alles sinnlos und damit auch die Schule. Konzentrationsstörungen treten dann vermehrt auf.

Besonders dramatisch kann sich die morgendliche Schulsituation für missbrauchte Kinder darstellen. Manche haben kaum geschlafen, sei es durch tatsächlich stattgefundenen

Missbrauch während der Nacht, sei es aus Sorge, dies könnte passieren. Andere schwänzen nur den Sportunterricht, aus Scham und Angst davor, dass beim Umkleiden ihre blauen Flecken am Körper entdeckt werden könnten.

Manche Kinder leiden aber auch unter den hohen Erwartungen der Eltern und haben das Gefühl, den Ansprüchen nicht gerecht werden zu können. Wenn sie sowieso versagen, dann macht es erst recht keinen Sinn für sie, in die Schule zu gehen. Die schlechten Noten können dann zudem auf das Schwänzen zurückgeführt werden und stellen keine beschämenden Anzeichen von Unfähigkeit dar.

Eltern, die tatsächlich sehr hohe Ansprüche an ihre Kinder stellen, können durch ihren Nachwuchs enorm getroffen werden, wenn die Sprösslinge nicht zur Schule gehen und damit zu »Versagern« werden. Viele junge Menschen können den Leistungsdruck ihrer Eltern nicht aushalten und flüchten sich in Verweigerung. Auf diese Weise erleichtern sie scheinbar ihr Leben und kränken ihre Eltern.

Diese »Rache« läuft in der Regel nicht bewusst ab. Die Kinder und Jugendlichen empfinden sich häufig als in einer hoffnungslosen Situation gefangen, der sie nicht entkommen können. Lernen sie, so stehen sie unter einem enormen Druck, mit dem Gefühl, so erfolgreich wie ihre Eltern sowieso nicht werden zu können. Verweigern sie sich, so schaden sie nicht nur sich selbst, sondern auch ihren Eltern. Sie werden nicht zu den vorzeigbaren Kindern, die manche Eltern gerne hätten, und kränken damit den elterlichen Narzissmus.

Was die jungen Menschen auch in diesem Fall letzten Endes brauchen, ist Aufmerksamkeit. Sie wollen angenommen und geliebt werden, auch wenn sie keine so großartigen Schüler sind. Sie wollen von den Eltern in ihrer Persönlichkeit ernst genommen und nicht durch ihre Leistungen bewertet werden.

Weglaufen

Weglaufen gehört zu den offensichtlichsten Reaktionsweisen eines Kindes, das in großer Not ist. Wenn die Kinder schnell wieder gefunden werden oder selbst bald wieder nach Hause kommen, wird dem Leid des Kindes noch relativ wenig Beachtung geschenkt. Wer von den Erwachsenen hat nicht schon selbst als Kind daran gedacht, von zu Hause wegzulaufen? Der Gedanke oder auch die konkrete Handlung ist vielen vertraut.

Dabei können vor allem die Kindernotdienste feststellen, dass es immer mehr Kinder werden, die ausreißen. Zudem sinkt das Durchschnittsalter. Immer häufiger sind es jüngere Kinder, die kommen oder anrufen, weil sie dringend Hilfe brauchen. Die meisten der jungen Menschen erzählen dann, dass sie das Gefühl haben, von den Eltern nicht geliebt zu werden und zu Hause nur zu stören.

Manche Kinder reißen von zu Hause aus und hinterlassen eventuell einen Abschiedsbrief. Häufig ist dies eine einmalige Aktion. Je nach Länge des Wegbleibens oder der Schwierigkeit des Wiederfindens wird die Polizei eingeschaltet, werden Freunde und Nachbarn informiert. Wenn die Kinder schließlich wieder aufgefunden werden beziehungsweise selbständig zurückkehren, werden sie mit gemischten Gefühlen vonseiten der Eltern begrüßt. Einerseits sind sie äußerst erleichtert, dass der Sprössling wieder da ist, andererseits sind die meisten Erwachsenen aber auch wütend und verärgert. Manches Kind wird zur Begrüßung erst einmal verprügelt. Was hat es für Kummer und Sorgen bereitet! Wie stehen die Eltern nun vor den Nachbarn und Freunden da!

Erleichterung, Wut und Scham sind die ersten spürbaren Gefühle nach der Anspannung des Suchens und der Ungewissheit. In dieser Situation werden die jungen Menschen meistens nach den Gründen des Verschwindens gefragt, und vielleicht trauen sie sich ehrlich darauf zu antworten, sodass die Situation mit Hilfe der Eltern oder sonstiger Bezugspersonen aufgelöst werden kann. Aber viele junge Menschen halten sich bei ihren Erklärungen und Begründungen zurück, aus Angst, noch mehr Aggressionen bei den Eltern heraufzubeschwören. Vielleicht wird daraufhin noch ein Vorschlag zur Veränderung der Situation gemacht, vielleicht werden die Kinder oder Jugendlichen aber auch nur bestraft – ohne weitere Konsequenzen für alle Seiten. Dies kann letztlich zur Verhärtung der Gesamtsituation führen.

Wirkliche Probleme entstehen dann, wenn das Leben der Erwachsenen und der jungen Menschen anschließend weiterläuft wie bisher und keine für alle zufrieden stellende Lösung gefunden wird. Vielleicht gibt es sogar im Zuge der ersten Gefühle gute Vorsätze, doch halten diese meist nicht lange an. Unter diesen Umständen sehen einige Kinder und Jugendliche häufig keine andere Möglichkeit des Hilferufs, als tatsächlich suizidale Handlungen auszuführen.

Auf Trebe gehen

Wenn junge Menschen anfangen, auf Trebe zu gehen, das heißt nächtens herumzustreunen, kann man mit relativer Sicherheit sagen, dass eine schwerwiegende familiäre Störung vorliegt. Wenn Jugendliche Nacht für Nacht verschwinden und durch Kneipen ziehen, ist dies ein äußerst deutliches Alarmzeichen. Sie wollen nichts mehr mit ihrem Zuhause zu tun haben und sich nichts mehr sagen lassen.

Mangel an Geborgenheit

Diese Form der Rebellion zeigt auf gut verständliche Weise ihre Heimatlosigkeit: »Ich gehöre nirgendwohin, niemand nimmt mich ernst. Ich streune herum und suche.« Gerade in diesen Fällen wird der Mangel an Geborgenheit sichtbar, der vielen Kindern und Jugendlichen widerfährt.

Vor allem wenn Kinder missbraucht werden und sie keinerlei Hilfe von außen erhalten, kommt es zu derartigen Reaktionen. Ihnen fehlt der Schutz durch die vertrauten Erwachsenen, und sie sind auf der Suche nach jemandem, der dieses Bedürfnis stillt. In ihrer Verzweiflung werfen sie sich im wahrsten Sinne des Wortes jedem an den Hals, der ihnen freundlich gesinnt erscheint. Sie suchen nach Wärme und Nähe und finden durch ihr gestörtes Urvertrauen keine Abgrenzungsmöglichkeit zu anderen. Sie haben nicht gelernt, auf sich selbst zu achten, und können oder wagen es nicht »Stopp, halt!« zu sagen. Diese Scheinbeziehungen sind fast immer zum Scheitern verurteilt, da eigentlich die Geborgenheit der Eltern gesucht wird. Nicht selten entsteht daraus ein Teufelskreis, der auch in der Prostitution enden kann.

Rückzug

Isolation

Viele suizidale Kinder und Jugendliche leiden unter einem Mangel an Beziehungen. Dieser Mangel kann zunächst durch die Außenwelt entstanden sein, wird aber in manchen Fällen später selbst hergestellt. Oft bedingt sich beides wechselseitig. Einerseits finden manche junge Menschen schwer Freunde und Spielkameraden, stehen allein im Pausenhof, und auch am Nachmittag oder am Wochenende ruft niemand für sie an. Andererseits tragen diese Kinder und Jugendlichen ihrerseits häufig wenig bis nichts zu einem Kontakt zu anderen bei.

Diese »selbst gewählte« Isolation auf längere Zeit ist immer ein Zeichen von Problemen. Beispiele für mögliche Gründe haben wir bereits angegeben. In solchen Situationen neigen vor allem Jugendliche dazu, sich bestimmte, oft traurig oder düster klingende Musik immer und immer wieder anzuhören. Diese Musik oder auch die Texte haben einen hohen Stellenwert und bilden für sie eine Art Zufluchtsort zu bestimmten Erinnerungen und Gefühlen. In vielen Fällen ist dieses Verhalten gekoppelt mit Liebeskummer.

Ähnlich verhält es sich mit der Beschäftigung mit Literatur, die suizidales Verhalten zum Thema hat. Das berühmteste Beispiel ist wohl Goethes Briefroman *Die Leiden des jungen Werther*, der bei seinem Erscheinen eine wahre Suizidepidemie auslöste. Das Leid wird durch die Literatur oder auch durch entsprechende Musik vertieft, die Gefühle drehen sich im Kreis beziehungsweise verstärken sich, wie wir dies bereits anhand der dynamischen Einengung beschrieben haben.

Veränderung der Essgewohnheiten

Gestörtes Essverhalten kann ebenfalls ein wichtiges Indiz für den psychischen Zustand eines jungen Menschen sein. Essstörungen können bereits bei Kindern auftreten, sie werden jedoch häufiger bei Jugendlichen und jungen Erwachsenen und können sich sowohl in Esssucht, Essbrechsucht (Bulimie) wie auch in Magersucht (Anorexie) ausdrücken. Auch hier muss wieder auf den vielfach auftretenden Zusammenhang mit sexuellem Missbrauch hingewiesen werden, und hier sprechen wir vor allem von Mädchen.

Ess-, Essbrech- und Magersucht

Gestörtes Essverhalten zeigt sehr deutlich ein angespanntes Verhältnis zum eigenen Körper. Die natürliche Regulierung der Nahrungsaufnahme mit dem klaren Gefühl von Hunger und Sättigung ist nicht mehr vorhanden oder nur noch am Rande spürbar. Die Betroffenen nehmen meist stark zu beziehungsweise ab oder wechseln ständig ihre Kleidergröße.

Auf der symbolischen Ebene zeigen uns Menschen mit Essstörungen viel über ihren psychischen Zustand und ihr Verhältnis zu ihrem Körper. Wir versuchen dies erneut am Beispiel von sexuellen Missbrauchserfahrungen zu verdeutlichen, wollen damit aber natürlich nicht behaupten, dass jeder Mensch mit Essstörungen sexuell missbraucht worden ist. Es gibt noch viele andere Hintergründe, die zu dieser Problematik führen können. Wir beziehen uns hier jedoch auf einen sehr häufig vorkommenden.

Missbrauchserfahrungen bringen Gefühle wie Scham, Schuld und Ekel gegen den eigenen Körper mit sich. Missbrauchte Menschen fühlen sich ausgenutzt, ohnmächtig und machtlos anderen ausgeliefert. Ihr Körper wurde von einem anderen benutzt und befleckt, zu einem Instrument gemacht. Somit wird die hohe Bedeutung des eigenen Körpergefühls im Zusammenhang mit Essstörungen deutlich.

Esssüchtige versuchen häufig, durch ihren dicker werdenden Körper sich »ein dickeres Fell« anwachsen zu lassen und sich damit mehr zu schützen. Dieses Fell soll signalisieren: »Seht her! Ich bin dick und damit für unsere Gesellschaftsnorm unerotisch!« Die Auswirkungen von Esssucht bekommen damit eine doppelte Funktion, und das viele Essen soll zudem die innere Leere etwas füllen.

Esssucht muss sehr genau von dem häufig auftretenden Problem des Übergewichts unterschieden werden, das durch zu deftiges Essen und wenig Bewegung entstehen kann. Wir sprechen hier von Esssucht, das heißt dem suchthaften Auffüllen des eigenen Magens ohne Vorhandensein eines Hungergefühls, geschweige denn eines Genussempfindens.

Essbrechsüchtige wiederum kämpfen um den Erhalt eines schlanken Körpers und damit eines Schönheitsideals, das ihnen tagtäglich von den Medien vorgegaukelt wird. Sie befinden sich jedoch in einem ähnlichen psychischen Zustand wie Esssüchtige. Das bedeutet, auch sie wollen das Gefühl der Leere verdrängen. Bulimie ist noch zusätzlich gekoppelt mit einer stark autoaggressiven Komponente, wie wir sie generell bei suizidalen Menschen finden. Essbrechsüchtige versuchen die innere Leere aufzufüllen, manchmal, bis der Bauch schmerzt; gleichzeitig bekommen sie Schuldgefühle und haben Sorge, dass sie zu dick werden. Zudem verachten sie sich selbst wegen ihrer Schwäche und erbrechen in autoaggressiver Weise das eben hinuntergeschlungene Essen.

Häufig geraten Menschen mit diesen Problemen in einen Teufelskreis: Sie essen sehr viel, zum Teil ganze Kühlschränke leer, um ein Gefühl von Sättigung zu bekommen, das sie allerdings im übertragenen Sinne wie Esssüchtige nie bekommen können. Sie erbrechen, müssen dieses erneut auftretende Gefühl der Leere aber sofort wieder stopfen. Sehr stark bulimische Menschen wiederholen diesen Kreislauf bis zu 20-mal am Tag.

Bei *Magersüchtigen* wird dagegen dieser bereits oben angegebene Ohnmacht- beziehungsweise Machtaspekt wichtig. Das ursprüngliche Gefühl von Hilflosigkeit wird umgedreht und zu extremer Kontrolle umfunktioniert. Magersüchtige demonstrieren ihre Macht über ihren eigenen Körper stark nach außen. Sie zeigen deutlich: »Ich bin nicht so schwach wie ihr! Ich habe (endlich) Kontrolle über mich und meinen eigenen Körper.« Sie kochen und backen für andere, essen aber in der Regel selbst nichts davon. Anorektiker füttern ihre Umwelt in den meisten Fällen kräftig mit köstlichem Essen, beobachten aber mit Verachtung die von anderen gezeigte »Schwäche«. Damit leben sie ihren eigenen Trieb nach Nahrung indirekt aus und können ihrer Lieblingsbeschäftigung, nämlich der *Beschäftigung* mit Essen, nachgehen. Gleichzeitig ringen sie darum, wieder etwas Achtung vor sich selbst zu bekommen.

Außerdem zeigen anorektische Menschen aufgrund ihres Äußeren wiederum sehr viel über ihre psychische Lage. Für viele steht hinter magersüchtigem Verhalten der häufig nicht explizit ausgesprochene Gedanke »Wenn ich dünn bin, werde ich geschützt wie ein kleines Mädchen«. Tatsächlich verschwinden mit zunehmender Magersucht weiblich-sexuelle Signale. Der ganze Körper erhält wieder kleinkindliche Züge und stellt Körperfunktionen wie beispielsweise die Menstruation ein. Die Jugendlichen haben tatsächlich kein Gefühl für ihren Körper und leiden unter einer starken Wahrnehmungsstörung. Selbst bei starkem Untergewicht empfinden sie sich noch als zu dick. Sie verkümmern einerseits innerlich, andererseits sind sie in der Regel sehr ehrgeizige, intelligente und willensstarke Menschen. Doch gerade dies macht die therapeutische Intervention so schwierig, und damit ist die Magersucht das alarmierendste Zeichen von suizidalem Verhalten im Bereich der Essstörungen.

Alkohol-, Drogen- und Medikamentenmissbrauch

Der Zusammenhang zwischen Sucht und Suizid ist seit vielen Jahren bekannt und zeigt sich in einem fließenden Übergang. Der Alkohol- und Drogenmissbrauch wird allgemein als eine langsame Form des Suizids angesehen und gehört damit zu den sehr ausgeprägten Alarmzeichen. Im Delir können Menschen der Todesangst bereits sehr nahe kommen, zudem wirkt ein Rauschzustand häufig aggressionsfördernd. Diese Aggression kann sich nach außen gegen andere Menschen wenden, aber auch als Effekt einer Aggressionsumkehr nach innen gegen sich selbst gerichtet werden. Von den Jugendlichen wird der Alkohol- und Drogenkonsum manchmal bagatellisiert: Es seien doch nur ein paar Flaschen Bier, es sei doch nur Haschisch, alles doch ganz harmlos. Allerdings wird deren euphorisierende und enthemmende Wirkung häufig unterschätzt. Konflikte, Hemmungen, Ängste und Nöte treten in den Hintergrund. Bei kontaktarmen Jugendlichen wirkt diese Stimmung kommunikationsfördernd. Das oft geringe Selbstwertgefühl wird gesteigert.

Drogen werden verharmlost

Aus demselben Grunde, aus dem Essstörungen entstehen können, also aus Mangel an Geborgenheit und Gemeinschaftsgefühl, neigen viele Jugendliche zum Alkohol- und Drogenkonsum. Die eigentliche Zuwendung können sie nicht erhalten, und sie versuchen ihre scheinbar ausweglose Situation durch Betäubung in irgendeiner Form zu verdrängen. In vielen Fällen liegt die Ursache hierfür im Gefühl der Wertlosigkeit und in den damit gekoppelten Versagensängsten, die häufig mit übermäßigem Suchtmittelkonsum in Zusammenhang stehen. Der Nachahmungsdruck durch Freunde, das pubertätsbedingte Imponiergehabe der Jugendlichen und der Anpassungszwang bei manchen Berufsgruppen mit hoher Alkoholaffinität tun ihr Übriges.

Eltern sollten wissen, in welchen Diskos die Jugendlichen verkehren. Denn gerade die synthetischen Drogen sind für Jugendliche vor allem in Techno-Diskos leicht zu erreichen.

Ecstasy und Ticket zum Beispiel sind erschwinglich und geben schnell ein Gefühl von Leichtigkeit und Alles-vergessen-Können. Nur das Hier und Jetzt zählt und die Illusion, sich selbst wesentlich besser wahrnehmen und spüren zu können. Nicht zuletzt aus diesen Gründen ist der Konsum dieser Drogen von 1995 bis 2000 um das Fünffache gestiegen. Vor allem Ecstacy wird als Leistungs- beziehungsweise Fitmacherdroge gewertet. Die Jugendlichen werden kontaktfreudiger und euphorischer und fühlen sich insgesamt wesentlich selbstsicherer. Dass diese Drogen bis heute noch viel zu wenig erforscht und Langzeitwirkungen unbekannt sind, kümmert die wenigsten Jugendlichen. Hauptsache, sie können sich betäuben und sich besser fühlen. Doch durch die Einnahme von Ecstasy steigt auf jeden Fall die Selbstüberschätzung und damit auch die Unfall- und eine oft unbewusste Suizidgefahr. Darüber hinaus bergen diese Drogen noch eine konkrete Vergiftungsgefahr in sich. Stichproben ergaben, dass einigen Pillen beispielsweise Rattengift beigemischt worden war, was sich auf Dauer sicherlich gesundheitsschädigend auswirkt. Es gibt auch Hinweise darauf, dass die Substanz selbst bei einem Teil der Konsumenten zu einer dauerhaften Störung der Hirnfunktionen führen kann.

Von den akuten Beeinträchtigungen und Gefahren abgesehen, können wir diese Form von Betäubung generell nicht als »harmlos« ansehen. Wir müssen uns und damit auch die Jugendlichen fragen, was hinter dem gesamten Phänomen steckt. Warum wollen sich die Jugendlichen betäuben und sich dieser Welt entziehen?

Bei psychologischen Untersuchungen ergibt sich im klinischen Bild von Suchtkranken ein Zustand von Affektlabilität, Unzufriedenheit und Ängstlichkeit. Diese Stimmungen zeigen sich bereits in den Anfängen und dürfen deshalb keinesfalls übersehen werden.

Der vereinfachte Zugang zu Drogen – unter anderem auch durchs Internet – und der zunehmende Drang, dieser Welt zu entfliehen, bilden einen schrecklichen Teufelskreis. Nicht von ungefähr steigt die Zahl der Drogentoten, obwohl es immer mehr Präventions- und Substitutionseinrichtungen gibt. In vielen Elternhäusern wird der Alkohol- oder Drogenkonsum der jungen Menschen jedoch kaum wahrgenommen, er wird verharmlost oder ignoriert. Durch die Normalität, Rauschmittel zu konsumieren, werden die Gefahren und die Hintergründe zu wenig gesehen. Doch wir müssen uns unserer Vorbildfunktion bewusst sein. Was leben wir unseren Jugendlichen vor? Wie ist unser eigener Umgang mit Suchtmitteln? Sie greifen zu Alkohol und Drogen nicht nur, um sich zu betäuben, sondern auch, weil sie an unserem Modell lernen.

Verwahrlosungstendenzen

Es gehörte noch nie zu den hervorstechenden Merkmalen von Kindern und Jugendlichen, sich gern zu waschen. Schon frühkindlich müssen viele Tricks angewandt werden, um die jungen Menschen zur Sauberkeit zu erziehen. Ein Vollbad lockt sehr häufig, jedoch das tägliche Duschen oder gar noch das unangenehme Zähneputzen sind für viele eine Qual.

Anders verhält es sich meist mit der Bekleidung. Bereits kleine Kinder sind häufig schon sehr eigen bei ihrer Entscheidung, was sie anziehen möchten. Bereits im Kindergarten kristallisieren sich irgendwelche Modetrends heraus. Ein Mädchen erscheint beispielsweise eines Tages mit einem Halstuch, und daraufhin meinen nun auch andere, dass es ohne Halstuch nicht mehr geht. Umso wichtiger wird dies – wie vermutlich alle leidgeprüften Eltern wissen – bei Jugendlichen. Markenartikel werden plötzlich ein Muss, und ohne bestimmte Jeans ist es undenkbar, das Haus zu verlassen.

Auffällig ist daher eine Vernachlässigung des Äußeren »aus heiterem Himmel«. Ganz unvermittelt wird nun kein Wert mehr auf den Sitz der Frisur gelegt. Klamotten spielen keine Rolle mehr. Ob sie sauber sind oder zerknüllt, ist egal. Die Verwahrlosungstendenz macht sich dabei nicht nur in der Veränderung der Bekleidungsgewohnheiten fest, sondern zeigt sich manchmal noch deutlicher in der plötzlichen Vernachlässigung des Sauberkeits- oder Gesundheitsverhaltens. Im Gegensatz zu Kindern legen Jugendliche in vielen Fällen bereits großen Wert auf ihre Hygiene. Eine Veränderung dieses Verhaltens stellt eine (Selbst-)Wertverminderung dar und sollte für Erwachsene nicht nur ein Ärgernis sein, sondern auch als Alarmzeichen für ein Problem wahrgenommen werden.

Vernachlässigung des Äußeren

Gewalttätigkeit

Fast täglich können wir in der Presse über gewalttätige Handlungen von jungen Menschen lesen. Hintergründe dieser zunehmenden Gewalttätigkeit haben wir bereits im Zusammenhang mit der soziologischen Theorie zu erklären versucht.

Die Gewalt beginnt bereits mit der Gewaltverherrlichung. Noch nie war der Zugang zu gewaltverherrlichenden Medien so einfach und so vielfältig wie heute. Die Filmindustrie profitiert enorm durch die zunehmende Enttabuisierung von Filmen, die bedenkenlos grausamste Szenen zeigen. Filme, die noch vor einigen Jahren als Spätfilme gezeigt wurden, laufen mittlerweile im Nachmittagsprogramm. Zudem besitzen immer mehr Kinder ihren eigenen Fernseher und können ungehindert alles sehen. Viele Eltern haben keinen Überblick mehr, mit welchen Gewaltszenen im Kopf ihre Kinder schließlich einschlafen (oder auch nicht). Zudem spielen viele stundenlang mit Computerspielen, die am Bildschirm immer realistischer die Möglichkeit zeigen, andere Menschen abzuschlachten. Die Grenzen zwischen Realität und Fiktion verschwimmen immer mehr. Aber vor allem durch das Internet findet nun auch eine internationale Verknüpfung von gewaltverherrlichenden Informationen statt. Was nicht direkt aus dem Internet heruntergeladen werden kann, kann problemlos über dieses Medium bestellt werden.

Gewaltverherrlichung

Auch die Gewalterlebnisse innerhalb der Familie spielen eine große Rolle. Kinder, die hilflos zusehen müssen, wie Eltern sich gegenseitig schlagen oder wie der Vater die Mutter mit dem Messer bedroht, leiden unter massiven Ängsten, fühlen sich aber hilflos in dieser Situation. Sie sehen durch ihre eigene Abhängigkeit von den Eltern keine Möglichkeit, einzugreifen oder zu verteidigen. Das Gleiche gilt, wenn die Kinder selbst geschlagen beziehungsweise misshandelt werden. Diese Ängste und Demütigungen machen aggressiv. Die Kinder lernen Gewalt als ein Medium der Auseinandersetzung kennen und werden schließlich selbst gewalttätig. Wenn diese Gewalterfahrungen noch mit Alkohol- und Drogenkonsum gepaart werden, nimmt die Gefahr von aggressiven Ausbrüchen enorm zu.

Familiensituation

Eine Hauptschwierigkeit liegt in der Kontaktlosigkeit zwischen Eltern und Kindern beziehungsweise Jugendlichen. Viele Eltern nehmen die negative Entwicklung ihrer Kinder viel zu wenig wahr, da sie in erster Linie zwar miterleben, dass ihr Nachwuchs vor dem Computer sitzt, sie aber nicht wissen, mit welchen Inhalten die Kinder sich beschäftigen. Solange sich die jungen Menschen ruhig verhalten, scheinen sie unauffällig zu sein. Wie häufig aber gerade sehr ruhige, zurückgezogene Jugendliche massive Aggressionen in sich tragen und über ein massives Gewaltpotenzial verfügen, haben wir in der letzten Zeit häufig genug erlebt. Immer öfter liest man von jungen Menschen, die zu Hause einen Mord geplant haben, oder von Amoklaufen. In vielen Fällen handelt es sich dabei um Kinder oder Jugendliche, die sehr vereinsamt sind, wenig Außenkontakte haben und im Sinne des präsuizidalen Syndroms unter einer massiven Einengung leiden. Die Aggression und die Aggressionsumkehr werden bei einem Amoklauf miteinander verknüpft.

Leider werden diese Faktoren meist erst hinterher gesehen. Erst dann wird bewusst, dass die Kinder schon seit einiger Zeit neonazistische Parolen von sich gaben, Waffen zu Hause sammelten usw. Aber gerade weil sie so ruhig waren, erschienen sie unauffällig und damit scheinbar unproblematisch.

Doch viele junge Menschen zeigen ihre Gewaltbereitschaft sehr deutlich. Sie kommen ständig mit dem Gesetz in Konflikt und suchen auf diese Art und Weise ihre Grenzen. Viele von ihnen sind mit der Gewalt aufgewachsen und geben nun ihre eigenen Gewalterlebnisse nach außen weiter. In vielen Fällen ist es nur eine Frage der Zeit, wann die Gewalt derartige Dimensionen annimmt, dass sie für die Jugendlichen selbst oder für andere lebensbedrohlich wird.

Sprachliche und bildliche Ebene

Manchmal werden Anzeichen von Suizidalität direkt ausgedrückt. In vielen Fällen sind die Alarmzeichen jedoch so verschlüsselt, dass sie nicht als solche registriert werden. Die nun folgenden Beispiele zeigen sehr deutliche, weil verbale Äußerungen, sollen aber auch auf Hinweise aufmerksam machen, die vielfach nicht erkannt werden. In den meisten Fällen müssen die Zeichen als »Es geht mir nicht gut« gesehen werden.

Verbale Äußerungen

Verbale Äußerungen können manchmal unmissverständlich sein. Sie können lauten: »Ich wünschte, ich wäre im Himmel!«, »Ich möchte am liebsten tot sein!« oder »Wenn ich nicht mehr lebe, werdet ihr schon sehen ...!« Häufig sind die Aussagen jedoch verschlüsselt, und erst wenn wir uns Gedanken über das gerade Berichtete machen, wird uns dessen tiefere Bedeutung klar. Zu diesen versteckten Botschaften gehören Sätze wie »Heute wäre ich beinahe überfahren worden!«. Es sind Aussagen, die zwar tatsächlich wortwörtlich so gemeint sein können, bei denen es sich aber lohnt, genauer nachzufragen.

Versteckte Botschaften

In unserer Arbeit mit Jugendlichen erleben wir immer wieder, dass diese sich ganz plötzlich um einen Freund oder eine Freundin sorgen. Ein 17-jähriges Mädchen bat zum Beispiel dringend um ein Gespräch, in dem sie mitteilte: »Ich muss mich unbedingt um Sonja kümmern. Ich glaube, es geht ihr ganz schlecht. Sie ist in Gefahr! Irgendetwas stimmt nicht mit ihr. Ich muss auf jeden Fall zu ihr fahren und ihr helfen. Wer weiß, was sonst passiert.«

Eine Aussage wie diese kann nun einerseits wörtlich genommen werden, denn Sonja kann es tatsächlich schlecht gehen. Was allerdings verwunderte, war die mangelnde Eingebundenheit der Aussage in den bisherigen Bezugsrahmen. Sonja war bis jetzt noch nie in Gesprächen aufgetaucht, und die Dringlichkeit der Hilfe für Sonja konnte die Jugendliche auf Nachfrage wenig verständlich machen. Dadurch lag die

Vermutung nahe, dass das Mädchen eigentlich sagen wollte, dass es ihr selbst schlecht ging und dass *sie* Hilfe brauchte. Mit Sonja als Vorwand war es kein Problem, ihre eigenen Schwierigkeiten darzustellen.

Dieses Verhalten ist vor allem typisch für Jugendliche, die häufig das eigentliche Thema nur verschlüsselt ansprechen können. Für unseren Alltag heißt dies, dass wir lernen müssen, das zu erkennen, was hinter den Aussagen steckt, das, was die Jugendlichen eigentlich sagen wollen: »Bitte hört, was ich *so* nicht sagen kann!«

Philosophisches Interesse

Erhöhte Aufmerksamkeit ist auch angebracht, wenn Jugendliche plötzlich anfangen, sich mit philosophischen Gedanken zum Thema Freitod auseinander zu setzen.

Beschäftigt man sich mit der Geschichte des Suizids, stößt man immer wieder auf unterschiedliche Haltungen zum Thema Selbsttötung. Bereits in der Antike gab es unterschiedliche Meinungen dazu. Die Philosophenschule Stoa sah den Freitod als ein legitimes Mittel, um Leiden zu beenden, und als äußerste Bewahrung der persönlichen Freiheit. Es gab so genannte Todesprediger, die den Suizid als Selbstbefreiung propagierten. Die *Qualität* des Lebens sei das einzig Erstrebenswerte und nicht die Länge. Andererseits bewertete der griechische Philosoph Aristoteles den Suizid als dem Staate gegenüber unsittlich.

Vom 13. Jahrhundert an wurde – zurückführbar auf die Lehre des Thomas von Aquin – der Suizid als Todsünde gesehen. Thomas begründete seine Anschauung damit, dass der Mensch sich die Entscheidung über Leben oder Tod anmaße, obwohl diese in Gottes Hand liege. Dies ist jedoch weder im Alten noch im Neuen Testament verankert. Diese wenigen

Beispiele zeigen bereits, wie unterschiedlich der Freitod bewertet wurde und wird.

Die Auseinandersetzung der Jugendlichen mit dem Thema Suizid kann nun eingebettet sein in allgemeines philosophisches Interesse und somit als harmlos erachtet werden. Bei intensiverem Beschäftigen und einer Fixierung auf das Thema kann dies jedoch eine wesentlich größere Bedeutung haben, als wir zunächst erahnen.

Vielen Jugendlichen ist der Wert des Lebens tatsächlich abhanden gekommen. Warum lohnt es sich zu leben? Wofür lohnt es sich zu kämpfen? Die Beschäftigung mit dem Freitod in der Phantasie besitzt zum einen die Komponente der Freiheit, zum anderen wird damit aber in der Regel jene Seite des Lebens überdeckt, die als schmerzlich erlebt wird. Durch die Diskussion mit uns Erwachsenen wollen die Jugendlichen uns häufig dazu auffordern, Gegenargumente zu liefern. Sie wollen von uns hören, warum das Leben doch lebenswert ist.

Damit sind auch wir selbst aufgefordert, uns damit zu beschäftigen, warum wir gerne leben und was wir unseren Kindern mitgeben. Wo sind wir gute Vorbilder? Gerade diese Frage zeigt uns, wie wichtig es ist, diese Auseinandersetzung ernst zu nehmen und sich dafür Zeit zu lassen. Sie bietet uns nicht nur eine günstige Gelegenheit, auf die Jugendlichen einzugehen, ihre Sorgen mit ihnen zu diskutieren und ihnen neuen Halt anzubieten. Auch wir Erwachsenen werden dazu gezwungen, uns zu hinterfragen. Davon können wir nur profitieren!

Schriftliche Äußerungen

Neben den mündlichen Aussagen geben uns viele Kinder und Jugendliche auch schriftliche Hinweise auf ihre seelische Verfassung. Auch hier erleben wir wieder eine große Spannweite.

Liebe Eltern

Ich möchte mich von euch
veralschieden
~~veralscden~~ denn ich werde
~~selb~~ selbsd Mord begihen ~~und~~
und zwar aus den gründen: Ich
~~d~~ bin eine nite. stehe
nur im weg. mache ales falsch
und der druck den ~~ir~~ ihr aus übt
halte ich Nicht aus. ich liebe euch.

Euer Tomas.

Goodbye!! Euer Tomas:

Es kann sein, dass auf dem Schreibtisch im Kinderzimmer ein Zettel liegt mit dem Hinweis, dass der kleine Bruder das Fahrrad niemals bekommen darf oder der Bär an den besten Freund gehen soll. Die Bedeutung ist bei einen Schmierzettel nicht geringer als bei einen ausführlichen Abschiedsbrief. Wir können nicht davon ausgehen, dass eine kurze Nachricht weniger dringlich ist als eine eingehende Ausführung.

In manchen Fällen geben die jungen Menschen Anweisungen, was geschehen soll, in anderen drücken sie ihre Hoffnungslosigkeit aus. Besonders anschaulich wird dies natürlich bei der demonstrativsten Form der schriftlichen Äußerung, dem Abschiedsbrief, der aber im Kapitel »Suizidales Verhalten bei Jugendlichen« noch ausführlicher erörtert werden soll.

Weitere schriftliche Alarmzeichen können halb zerknüllte Briefe an Freunde oder Bekannte sein. Diese Briefe oder Texte liegen beispielsweise bereits im Papierkorb, vermeintlich weggeworfen, nicht für die Allgemeinheit zum Lesen bestimmt, aber trotzdem so angeordnet, dass sie problemlos zu finden sind. Vielleicht finden manche Eltern dies nun übertrieben. Die Tochter wollte doch diesen Brief voller Liebeskummer wirklich wegwerfen! Aber wenn wir uns vorstellen, was wir selbst früher an Energie aufbrachten, um etwas vor unseren Eltern zu verbergen, was sie wirklich nicht sehen sollten, dann wird uns deutlich, dass es sich hier um einen äußerst demonstrativen Hinweis handelt.

Wichtig im Umgang mit unseren Kindern ist immer, sowohl den Inhalt als auch den symbolischen Charakter dieser Botschaften zu erkennen.

Zeichen bildlicher Art

Dieser symbolische Charakter wird häufig noch verschlüsselter bei Zeichen bildlicher Art. Hier müssen wir mit unseren Augen wahrnehmen, hinsehen und die tiefere Bedeutung erkennen.

Im Kinderzimmer eines zwölfjährigen Mädchens fallen die düsteren Kleider, das schwarze Tuch um den Spiegel und Bilder von Grabhügeln auf. Die Eltern – darauf angesprochen – haben dies sicherlich bemerkt, machten sich bisher jedoch keine weiteren Gedanken darüber. Das Mädchen war über Jahre hinweg ein Fan eines Popstars, der nun in ihrer Gunst sehr verloren hatte. Sie sehen die Zimmerdekoration ihrer Tochter als eine Form der Abschiednahme von ihrem Idol.

In diesem Beispiel wird deutlich, wie schnell wir Verhaltensweisen unserer Kinder einer Ursache zuordnen, die zwar durchaus Sinn macht, die wir daraufhin aber nicht weiter hinterfragen. Der Abschied von ihrem Idol ist für das Mädchen sicherlich ein wichtiger Aspekt, aber er ist nur der Anlass zu ihrer sichtbaren Trauer. Durch ein längeres Gespräch mit den Eltern wird allmählich die tatsächliche Ursache erkennbar: Das Mädchen hängt sehr an ihrem Vater, dieser war allerdings jahrelang beruflich sehr eingespannt. Durch einen Wechsel der Arbeitsstelle hatte das Mädchen große Hoffnung, ihren Vater nun häufiger zu sehen. Sie wurde jedoch bald enttäuscht. Die Tochter sah ihn – bedingt durch die Einarbeitung in eine fremde Abteilung und in ein neues Aufgabengebiet – ganz im Gegenteil noch seltener als zuvor. Die Beschäftigung mit Kreuzen und Gräbern, das Auftragen von schwarzem Nagellack und das Abdecken des Spiegels begannen kurze Zeit später.

Symbolcharakter

Dieses Beispiel zeigt, dass die nach außen gezeigten Zeichen häufig nur Symbole für innere Prozesse sind. Sicherlich trauern viele Jugendliche um ihre Idole, aber der Grad der Trauer kann ein Indiz dafür sein, dass wesentlich mehr hinter dem Gezeigten steckt.

Psychische Veränderungen

Auch die manchmal weniger sichtbaren psychischen Veränderungen der jungen Menschen können Alarmzeichen sein. Die oben beschriebenen Verhaltensweisen werden zwar häufig übersehen oder missverstanden, sind aber konkret fassbar. Schwieriger wird es bei den schwerer erkennbaren psychischen Veränderungen, die wir im Folgenden darstellen. Auch sie stellen wichtige Hinweise auf eine mögliche Suizidgefahr dar.

Konzentrationsschwierigkeiten

Konzentrationsschwierigkeiten kennen wir alle. Jeder Mensch hat eine Vorstellung davon. Wenn diese so gewöhnlich sind, wie können sie dann ein Alarmzeichen sein?

Denken wir darüber nach, wann unsere Konzentrationsschwierigkeiten auftauchen, dann fallen uns – wenn wir ehrlich genug mit uns sind – sicherlich gewisse Hintergründe dazu ein. In den meisten Fällen waren wir von Problemen geplagt, die uns in irgendeiner Weise über den Kopf wuchsen und uns unkonzentriert und fahrig werden ließen. Wir waren »nicht bei der Sache«, da uns eine andere Sache mehr beschäftigte.

Konzentrationsstörungen können rein pubertätsbedingt sein, oft ist der Auslöser dafür aber ein belastendes Problem, das die Kinder oder Jugendlichen grundsätzlich ablenkt. Deshalb zählen wir scheinbar alltägliche Konzentrationsschwierigkeiten zu den Alarmzeichen. In der Konfrontation mit Problemen ergeht es jungen Menschen genauso wie uns Erwachsenen – mit dem Unterschied, dass sie ihre Situation häufig als noch auswegloser erleben als wir.

Belastende Ursachen

Am häufigsten treten diese Störungen im Zusammenhang mit der Schule auf, sei es während des Unterrichts oder nachmittags bei den Hausaufgaben. Viele Lehrer kennen die Situation: Ein bislang guter und aktiver Schüler sackt plötzlich in seinen Leistungen ab und macht in seinen Arbeiten einen Leichtsinnsfehler nach dem anderen. Häufig verändert sich zudem das Schriftbild. Die einstmals klare Schrift wird krakeliger und spiegelt damit deutlich den inneren Zustand des jungen Menschen wider.

Auch Eltern können ein Lied davon singen, wie schwierig es sein kann, die Tochter oder den Sohn bei der Arbeit zu halten. Die sowieso schon ungeliebten Hausaufgaben scheinen nun noch länger zu dauern.

Aber nicht nur bei den schriftlichen Leistungen machen sich diese Störungen bemerkbar. Auch im normalen Gespräch zeigt sich oft eine gewisse geistige Abwesenheit. Sie scheinen kaum wahrzunehmen, was wir zu ihnen sagen. Manchmal bekommen wir nur ein Nicken oder Murren als Antwort.

Die Konzentrationsschwierigkeiten reichen von einer mehr oder weniger harmlosen Unachtsamkeit bis hin zu schwerer Verwirrtheit. Wir müssen uns aber immer darüber im Klaren sein, dass die Konzentration von etwas anderem beansprucht wird. Es kann sich um ein nur harmloses Zeichen von Verliebtheit handeln, aber in den meisten Fällen steckt ein Problem dahinter, das Beachtung verdient.

Gleichgültigkeit

Suizidale Kinder erscheinen oft teilnahmslos und strahlen ein Gefühl von Hoffnungslosigkeit aus. Auch hier wird wieder der bereits erwähnte Aspekt der dynamischen Einengung deutlich. Es besteht die Gefahr, dass sich die jungen Menschen in eine seelische Sackgasse manövrieren.

Wir sollten aufmerksam werden, wenn Dinge, die bisher Freude bereiteten, plötzlich gleichgültig werden. Die meisten jungen Menschen haben irgendwelche Hobbys, treiben Sport oder gehen gern auf Partys. Auffällig ist immer ein abruptes Abbrechen von lang gepflegten Tätigkeiten.

Mangelndes Durchhaltevermögen

Nun gibt es sicherlich Kinder, die von vornherein häufig ihre Beschäftigungen wechseln. Mangelndes Durchhaltevermögen muss nicht, kann aber ebenfalls mit zu den Alarmzeichen gehören. Hier beziehen wir uns allerdings in erster Linie auf Tätigkeiten, die über längere Zeit hinweg mit viel Freude und Elan durchgeführt wurden und nun plötzlich abbrechen, ohne dass neue Ideen aufgegriffen werden.

Ein typisches Signal dieser Gleichgültigkeit ist auch das Verschenken geschätzter Dinge. Die Lieblingspuppe spielt auf einmal keine Rolle mehr. Das Spezialwerkzeug für den Modellbau liegt schon seit einiger Zeit beim Freund, ohne dass es irgendwelches Interesse erweckt und wieder abgeholt werden soll. Freundschaften werden abgebrochen, und Pflanzen und Tiere werden plötzlich nicht mehr gepflegt.

Alles scheint den jungen Menschen gleichgültig und nichts mehr wert zu sein. So kommen wir auch hier wieder auf das Selbstwertgefühl zu sprechen, auf das wir im Folgenden genauer eingehen wollen.

Geringes Selbstwertgefühl

Das Selbstwertgefühl ist von so zentraler Bedeutung, dass es eigentlich eine exponiertere Stelle in diesem Buch verdiente. Da wir aber bereits einige Male kurz darauf eingegangen sind, wollen wir hier nur einige sehr deutliche Aussagen der jungen Menschen zu diesem Thema zitieren. Typische Aussprüche sind: »Ich bin dumm!«, »Ich bin hässlich!«, »Ich bin unbeliebt!« oder »Ich kann überhaupt nichts!«.

Diese Selbstzweifel kennt jeder Mensch, und sie sind bis zu einem gewissen Grade normal, ja sogar gesund, um nicht in einen Größenwahn zu verfallen. Aufmerksamkeit ist aber dann angebracht, wenn diese Äußerungen häufiger und in unterschiedlichen Situationen auftreten. Es ist völlig normal, wenn ein Kind beispielsweise über seine Unfähigkeit in Mathematik klagt. Wenn es seine Zweifel jedoch auch auf andere Bereiche ausweitet, ist es sinnvoll, genauer zu überprüfen, was wirklich hinter diesen Äußerungen steckt.

»Ich kann überhaupt nichts!«

Alarmierender wird die Situation, wenn junge Menschen kein Lob oder keine Belohnungen annehmen können. Es gibt Kinder, die gut gemachte Hausaufgaben sofort wieder vernichten oder ihr wunderschön gemaltes Bild nach der Fertigstellung zerreißen. In den meisten Fällen heißt dies auch hier wieder: »Ich bin es nicht wert, gelobt zu werden!« Manchmal bedeutet es auch: »Ich kann diese ›heile Welt‹ nicht aushalten. In mir ist nichts heil!« Vor allem Kinder mit Gewalterfahrungen jeglicher Art reagieren auf diese Weise und brauchen dringend unseren Beistand.

Franz war das Kind aus erster Ehe. Sein Aussehen und kleine Eigenheiten erinnerten seine Mutter ständig an ihren ungeliebten Exmann. Als sich die zweite Ehe ebenfalls als

Fehlentscheidung herausstellte, ließ die Mutter ihre Wut und ihre Enttäuschung immer mehr an Franz aus. Schon als Sechsjähriger musste er regelmäßig auf die beiden Halbschwestern aufpassen und bekam oft Prügel, wenn er sie nicht genügend versorgte. Mancher Kochlöffel wurde auf seinem Rücken zerschlagen. »Du bist genau wie dein Vater!« bekam er immer wieder zu hören, und das war das Schlimmste, was sie über ihn sagen konnte.

Franz wurde bald nach der Einschulung im Unterricht auffällig. Wenn er nach viel Motivationsarbeit tatsächlich seine Aufgaben löste, zerriss er sofort seine Blätter. Selbst ein Lob über seine Zeichnungen oder Bastelarbeiten konnte er nicht ertragen, und er lief regelmäßig aus dem Klassenraum weg. Er hatte gelernt, dass er nichts wert war. So konnte es auch gar nicht sein, dass er etwas von Wert herstellte.

Stimmungsschwankungen

Stimmungsschwankungen kennt jeder Mensch. Je älter wir werden, desto häufiger schieben wir diese auf das Wetter. Sicherlich ist die Klimalage nicht zu vernachlässigen, doch sind es in den meisten Fällen psychische Gründe, die zu einer Veränderung unserer Stimmung führen.

Zu den auffälligen Situationen gehören Schwankungen, die im Augenblick ihres Auftretens nicht zu erklären sind. Ohne offensichtliche Ursache kommt es zu Trauergefühlen und Tränen. Eine Stimmung von Hoffnungslosigkeit und Gleichgültigkeit bricht herein. Die jungen Menschen sind plötzlich energielos und wirken depressiv.

In der Werbung wird immer auf den Vitaminmangel der Kinder hingewiesen, und dies kann tatsächlich ein Grund sein für eine gewisse Lustlosigkeit. Aber die unzureichende Ernährung kann die Schwankungen im emotionalen Erleben unserer Kinder nicht erklären. Denn ein plötzlich auftauchendes Gefühl der Hochstimmung nach einer depressiven Phase verdient genauso viel Beachtung. Vielleicht geht es den jungen Menschen tatsächlich besser, vielleicht haben sie aber Drogen genommen oder sehen eine Lösung ihres Problems in der Planung eines Suizids. In jedem Fall handelt es sich um einen Hinweis darauf, dass dringend ein Gespräch mit den jungen Menschen geführt werden muss.

Somatische Beschwerden

Körperliche Beschwerden, die durch psychische Störungen entstehen und ohne organischen Befund sind, werden psychosomatische Beschwerden genannt. Kinder und Jugendliche klagen manchmal über Symptome wie Kopfschmerzen, Durchfall, Fieberschübe, Kreuz- und Rückenschmerzen, Verstopfung oder Übelkeit. Ruhelosigkeit oder Müdigkeit trotz ausreichendem Schlaf gehören ebenfalls zu diesem Bild. Trotz eingehender Untersuchungen kann jedoch häufig keine medizinische Ursache gefunden werden.

Manche junge Menschen haben auch Schlafprobleme, können nicht einschlafen oder wachen mitten in der Nacht auf, ohne wieder Schlaf zu finden. Undefinierbare Bauchschmerzen, Hyperventilation oder Atembeklemmungen müssen ebenfalls beachtet werden. Diese Symptome sind häufig ein Zeichen sexuellen Missbrauchs.

Vielleicht wollen die Kinder ihre Beschwerden »nur« dazu benutzen, uns zu beschäftigen, also dadurch intensive Zuwendung von uns erhalten. In den meisten Fällen stecken jedoch ernst zu nehmende Probleme hinter diesen Störungen.

Manchmal haben die psychosomatischen Symptome auch eine symbolische Bedeutung. Sie zeigen, wo die Problemzonen liegen: Die Rückenschmerzen zeigen, dass der Jugendliche krampfhaft Haltung bewahren muss, der Durchfall, dass er etwas loswerden muss usw.

Viele dieser Reaktionen können Auswirkungen von Stress sein. Die jungen Menschen stehen mehr denn je unter verschiedenen Arten von Druck. Sie stehen unter Leistungsstress in der Schule und häufig auch außerhalb, denn viele Kinder leben mittlerweile mit einem restlos ausgefüllten Terminkalender. Nach der Schule geht es zum Tennistraining und anschließend zu den Ballettstunden. Wenn die Eltern die Kinder nicht von einem Termin zum anderen fahren würden, wäre manches überhaupt nicht machbar. Der Leistungsdruck besteht aber auch untereinander, indem die Kinder viel an Besitz vorweisen müssen, um bei anderen anerkannt zu werden. Der Stress kann schließlich auch durch die vielen visuellen Eindrücke bedingt sein, vor allem von den Bildern der Gewalt, mit denen die jungen Menschen sich täglich auseinander setzen müssen.

Grundübel Stress

Die psychosomatischen Reaktionen der Kinder zeigen, wie ihre Umwelt auf sie wirkt und sie vor allem überfordert.

Verlusterfahrungen

Kinder und Jugendliche, die den Tod beziehungsweise Verlust eines ihnen nahe stehenden Menschen erlebten, sind besonders suizidgefährdet. Generell gilt hier: Je näher die verstorbene Person den jungen Menschen stand, desto größer ist die Gefährdung.

Ein achtjähriges Mädchen verlor innerhalb eines Jahres erst ihre Großmutter und dann ihren Vater. Die Mutter hatte aufgrund dieser Verluste einen Nervenzusammenbruch und konnte sich um ihre Tochter kaum kümmern, sodass für das Mädchen in gewisser Weise auch noch der Verlust der Mutter hinzukam.

Sie kam vorübergehend in eine Pflegefamilie, in der sie wohl behütet war. Trotzdem trank sie während der ersten Aufenthaltswoche die halbe Flasche eines giftigen Putzmittels aus. Sie wurde bald danach entdeckt und sofort ins Krankenhaus gebracht. Aufgrund der schnellen Reaktion konnte die Gefahr rasch gebannt werden. Nach der Entlassung wurde das Mädchen von ihrer Pflegefamilie sehr dazu ermutigt, über ihren Kummer zu reden. Fast jeden Tag sprach sie davon, »auch in den Himmel zu wollen«. Sie malte viele Bilder mit Wolken, auf denen ihre Großmutter und ihr Vater saßen. In ihrer Phantasie war sie wieder mit ihnen vereint. Vermutlich nur durch die Tatsache, dass das Mädchen in der Pflegefamilie offen ihren Kummer ansprechen konnte und nichts verheimlichen musste, wurde ein weiterer Suizidversuch verhindert.

Manche Kinder sind auch suizidgefährdet nach dem Tod eines ihrer Geschwister. Der bewusste Umgang mit dem Verlust innerhalb der Familie ist hier äußerst bedeutungsvoll.

Ein Kind zu verlieren gehört zu den schrecklichsten Erfahrungen unseres Lebens. Viele Eltern haben in ihrer eigenen Trauer um das verlorene Kind kaum die Kraft, ihre anderen Kinder zu unterstützen. Alle Gefühle gelten der verstorbenen Tochter oder dem verstorbenen Sohn. Für die Geschwister ist diese Situation manchmal kaum zu ertragen. In ihrer eigenen Trauer verlieren sie auch noch die Aufmerksamkeit durch die Eltern. Der Wunsch, ebenfalls tot zu sein, um all dem Kummer zu entrinnen und ebenfalls so viel Zuwendung zu erhalten, liegt für viele nahe.

Wie die Beispiele zeigen, wird durch den Verlust eines nahe stehenden Menschen die eigene Ohnmacht deutlich fühlbar. Der Tod ist unabänderlich, und es gibt keine Möglichkeit, noch einmal etwas gutzumachen oder auf eine Verbesserung zu hoffen. Der Verlust eines nahe stehenden Menschen durch Suizid erzeugt zudem nicht nur dieses Gefühl der Hoffnungslosigkeit, sondern ist meist noch gepaart mit Schuldgefühlen und Wut. Verbunden mit dem Nachahmungseffekt wird die Suizidgefahr für junge Menschen in dieser Situation noch weiter verstärkt.

Realpraktische Schritte

In den Grenzbereich der Alarmzeichen zum bereits aktiven Planen eines Suizids gehören die ersten realpraktischen Schritte. Dazu zählt unter anderem das mehr oder weniger unauffällige Sammeln von Tabletten im Schreibtisch oder etwa das Verstecken von Rasierklingen an einer Stelle, an der sie üblicherweise nicht aufgehoben werden.

Noch deutlicher werden die Zeichen, wenn junge Menschen plötzlich mit einer Pistole auftauchen oder ein Messer von einem Freund gekauft haben. In vielen Fällen handelt es sich schlicht um Imponiergehabe. Manchmal sind jedoch Ängste die Ursache für Waffenbesitz. Denn die Gewaltbereitschaft der jungen Menschen steigt ständig an und damit auch die Angst. Waffenkäufe sind jedenfalls ein Zeichen dafür, dass die jungen Menschen das Gefühl haben, sich in irgendeiner Form wehren zu müssen. Solche Befürchtungen können

Wenn Waffen ins Spiel kommen

leicht in Aggressionen umschlagen. Aggressionen können zwar das ursprüngliche Motiv für die Anschaffung von Waffen sein, aber sie können sich schließlich gegen die eigene Person wenden.

In den USA sind Schussverletzungen die zweithäufigste Todesursache bei jungen Erwachsenen zwischen 15 und 25 Jahren, eine Entwicklung, die Mediziner auch bei uns zunehmend feststellen. Menschen, die Zugang zu Schusswaffen haben, sind dreimal mehr gefährdet, ermordet zu werden, als der Durchschnitt der Bevölkerung – und fünfmal mehr gefährdet, Selbstmord zu begehen.

Diese Entwicklungen in den USA sollten auch für uns Alarmzeichen sein. Der Waffenbesitz nimmt auch bei uns ständig zu und ist in jedem Falle äußerst alarmierend.

Suizidales Verhalten

Alarmzeichen sind nicht gleichzusetzen mit suizidalem Verhalten und konkreten Suizidversuchen, obwohl die Grenzziehung manchmal schwierig sein kann, vor allem im Bereich des Suchtverhaltens und der realpraktischen Schritte. Deshalb gilt generell: Alle angeführten Alarmzeichen müssen unbedingt ernst genommen werden! Ob die genannten Zeichen Indiz für suizidales Verhalten sind, ist manchmal schwer zu beurteilen. Aber sie sind in jedem Fall Symptome eines kritischen Zustands unserer Kinder und Jugendlichen und verdienen deshalb Beachtung.

Worin zeigt sich nun suizidales Verhalten? Im Folgenden wollen wir zwischen dem Verhalten von Kindern und dem von Jugendlichen unterscheiden, da es in den einzelnen Altersstufen verschiedene Anlässe und Symptome gibt. In unserer Zeit ist es häufig schwierig abzugrenzen, wo Kindheit aufhört und Jugend anfängt. Wir wollen Jugend mit dem Beginn der Pubertät definieren, sind uns aber dessen bewusst, dass bereits Neun- bis Zehnjährige in einer Art Vorpubertät stecken können.

Wie schon betont, muss bei suizidalem Verhalten zwischen Ursache, Motiv und Anlass unterschieden werden. Anlässe können sehr vielfältig sein und manchmal völlig nichtig erscheinen. Warum kommen junge Menschen auf die Idee, wegen einer Bagatelle wie der Ohrfeige des Vaters nicht mehr leben zu wollen? Begreifen wir die Ohrfeige als Auslöser und trennen sie vom Motiv – in diesem Fall eine schon lang anhaltende Konfliktsituation, nämlich Schulversagen –, so wird die Situation bereits verständlicher. Hinter diesem Motiv steckt wiederum die eigentliche Ursache: eine frühkindliche psychische Störung. Mit Motiv und Ursache wollen wir uns hier in erster Linie beschäftigen.

Ursache, Motiv und Anlass

Suizidales Verhalten bei Kindern

Bevor wir uns damit auseinander setzen, warum ein Kind überhaupt auf den Gedanken kommen kann, einen Suizidversuch zu begehen, wollen wir uns kurz mit dem Todesbegriff der Kinder beschäftigen. Ein wichtiger Aspekt zu diesem Thema ist die Tatsache, dass Kinder ein ganz anders Verhältnis zum Tod haben als Erwachsene, da sie dieses Phänomen noch nicht verstehen können.

Der Todesbegriff von Kindern

Sehr kleine Kinder können noch kaum den Unterschied zwischen leblosen Dingen und lebendigen Wesen erkennen. Ein von unserer Hand bewegter Stoffhase ist genauso lebendig wie ein echter Hase. Erst mit zunehmendem Alter wächst allmählich ein Verständnis für den Tod. Bereits im Alter von zwei Jahren können Kinder Angst vor dem Tod entwickeln. Sie verstehen dies jedoch nicht als etwas Endgültiges. Der Tod wird in ihrer Phantasie als eine zeitweilige Unterbrechung vom Leben erfasst. Umgekehrt werden Trennungen von den Eltern, auch wenn sie kurzzeitig sind wie beispielsweise durch einen Urlaub der Eltern, so erlebt, als wären diese tot. Am ausgeprägtesten ist dies natürlich bei einer langfristigen Trennung wie bei der Freigabe zur Adoption. Das Gefühl von Verlassenheit und völliger Hilflosigkeit entsteht durch die Konfrontation sowohl mit dem tatsächlichen Tod als auch mit anderen Trennungserfahrungen.

Bis hin zum fünften Lebensjahr wird der Begriff Tod mit Leblosigkeit, Trennung, »nicht mehr da sein« gleichgesetzt. Kinder fangen mehr und mehr zu begreifen an, dass es sich beim Tod um einen anderen Zustand handelt als bei der Lebendigkeit. Sie nehmen die Regungslosigkeit bei einem Toten wahr.

Die vierjährige Sandra und die zweijährige Eva verloren ihre Mutter durch einen tragischen Unfall. Als ihre Oma ihnen zu erklären versuchte, was geschehen war, fing die Ältere an zu weinen und steckte damit die Jüngere an. Während die Zweijährige nach einer Stunde wieder (scheinbar) ganz normal spielte, so, als wäre nichts passiert, stellte die Vierjährige ständig Fragen, wo die Mama denn jetzt wäre. Sandra erfuhr, dass die Mama nun im Himmel sei und nie wieder zurückkäme. Sie hatte schon einen toten Vogel gesehen und hatte sich dadurch mit dem Thema Totsein bereits beschäftigt. Trotzdem dauerte es nicht lange, und Sandra stellte die Frage, ob die Mama nun eine neue Wohnung für sie suchen werde.

Dieses Beispiel zeigt deutlich, wie unterschiedlich die Geschwister den Tod ihrer Mutter verstanden. Während die kleine Eva immer wieder vor allem abends nach der Mutter weinte, verstand Sandra schon wesentlich mehr, aber dennoch nicht endgültig. Eva war zwar genauso entwurzelt wie ihre ältere Schwester, der Unterschied zwischen beiden Mädchen liegt aber im begrifflichen Denken und Verstehen. Deshalb ist es auch bei ganz kleinen Kindern wichtig, auf deren Umgang mit der Trauer zu achten.

Zwischen dem sechsten und achten Lebensjahr wird die Fähigkeit, den Tod zu begreifen, bereits konkreter. Die Kinder verstehen, dass jeder Mensch sterben muss und dass der Tod unwiderruflich ist. Das Erfassen geht nun bereits ins Detail, und die Kinder wissen zum Beispiel, dass Verstorbene keine körperlichen Reaktionen mehr zeigen können. Sie entwickeln Interesse an Ursachen und beschäftigen sich mit der Frage des Danach.

Ab dem neunten Lebensjahr wird das Verständnis mit der Entwicklung des abstrakten Denkens immer klarer, wenngleich es trotzdem Momente des Schwankens geben kann. Die Kinder setzen sich mehr und mehr mit dem Thema Sterben auseinander und entwickeln Ängste, dass ihren Eltern oder nahen Verwandten etwas zustoßen könnte.

Mit zwölf Jahren können Kinder abstrakt und logisch denken, und ihr Verständnis für Naturprozesse und physikalische Zusammenhänge ist genauso wie ihre Zeitwahrnehmung voll ausgebildet. In diesem Alter verfügen sie dementsprechend über eine ausgereifte Vorstellung vom Tod.

Angesichts der allmählichen Entwicklung des Todesbegriffs während des Kindesalters wird deutlich, dass suizidales

Handeln von Kindern eine andere Bedeutung hat als das von Jugendlichen. Kinder fühlen sich ihrer Lebenssituation häufig in einem hohen Maße ausgeliefert und erleben ihre Gefühle entsprechend intensiver. Sie empfinden wenig Handlungsspielraum bei Verboten, Bestrafungen und ihren Verlassenheitsängsten. In diesem Alter stehen den Kindern Coping-Strategien, also Anpassungstechniken zur Bewältigung der Probleme, nur unzureichend zur Verfügung. Nicht zuletzt wegen des noch wenig ausgebildeten Zeitgefühls leben sie noch stärker im Hier und Jetzt. Nur was im Augenblick passiert, zählt. Aus diesem noch mangelnden Überblick heraus handeln Kinder impulsiver als Jugendliche, und der Entschluss, suizidal zu handeln, erfolgt häufig unbewusst und unüberlegt. Kinder »lassen sich sterben«!

Kinder begehen wesentlich weniger Suizidversuche als Jugendliche. Aber schon ab dem dritten Lebensjahr kommt es zu suizidalem Verhalten. Suizidversuche von Kindern sind oft schwer als solche zu erkennen und werden deshalb häufig mit Unfällen verwechselt. Mit zu den markantesten Beispielen gehören die Unfälle im Haushalt. Ein vierjähriges Mädchen hat ein giftiges Putzmittel ausgetrunken und liegt nun mit schweren Verätzungen der Speiseröhre im Krankenhaus. Kann dies bereits ein Suizidversuch gewesen sein? Die meisten Menschen können sich nicht vorstellen, dass bereits ein kleines Kind nicht länger so leben will wie bisher und suizidal ist. Zudem scheint es doch noch nicht die Giftigkeit eines Putzmittels zu begreifen.

Trotzdem kann hier ein Suizidversuch vorliegen. Als Erwachsene wissen wir, wie scheußlich Putzmittel riechen und schmecken. Bei dem bloßen Gedanken daran kann es einem übel werden. Nun kann es sicherlich passieren, dass eine Vierjährige aus kindlicher Neugier heraus eine Putzmittelflasche öffnet und daran riecht, eventuell sogar einen kleinen Schluck nimmt. Aber dann müsste eine große Abwehr und ein starker Würgereiz einsetzen. Wenn wir uns dann vorstellen, dass das Mädchen noch mehr zu sich genommen hat, vielleicht sogar eine halbe Flasche leer getrunken hat, wird deutlich, dass es sich hier mit hoher Wahrscheinlichkeit um suizidales Verhalten handelt.

Generell können die Neigung zu häufigen Unfällen und das Suchen von Gefahr als Indizien für Suizidalität angesehen werden. Kinder entwickeln bereits sehr früh ein Gefühl für Gefahr. Auch im Straßenverkehr kennen sie sich bald aus und wissen, wo sie spielen dürfen und auf welche Regeln sie achten müssen. Viele Verkehrsunfälle von Kindern haben suizidalen Ursprung, ohne dass sie als solche erkannt werden. Der Sturz aus großer Höhe wird von vielen Suizidexperten ebenso dazugerechnet.

Häufige Unfälle und das Suchen von Gefahr

Mutproben gelten in diesem Bereich als die klassischen Beispiele. Sicherlich geraten viele Kinder unter Druck, genauso stark, (angeblich) furchtlos und mutig wie die anderen zu sein. Ob sie jedoch die einzelnen Mutproben mitmachen und bis zu welchem Grad, ist häufig ein Zeugnis ihres Innenlebens.

Doch was kann Kinder nun dazu veranlassen, suizidal zu handeln? Was sind die Ursachen und Hintergründe?

Im Zusammenhang mit den Suizidtheorien haben wir bereits einige Ursachen genannt. Nach Kurt Biener, einem Schweizer Suizidforscher, sind die wichtigsten Aspekte schwere Schuld- und Insuffizienz-, also Unzulänglichkeitsgefühle, zerrüttete Familienverhältnisse, ein Mangel an mitmenschlichen Kontakten sowie Affekt- und Aggressionsstauungen. Diese Punkte können einzeln betrachtet vielleicht als wenig bedeutend angesehen werden, da sie häufig vorkommen. Sie verstärken sich aber in vielen Situationen gegenseitig und werden dann übermächtig.

Wir haben schon des Öfteren die Problematik des sexuellen Missbrauchs angesprochen. Wenn Kinder dieser Gewalterfahrung ausgeliefert sind, sehen sie kaum eine Möglichkeit, dieser Situation zu entrinnen. Sie fühlen sich ohnmächtig und hoffnungslos. Gleichzeitig erleben sie sich schuldig, denn sie haben ja »mitgemacht«. Sie haben sich nicht ausreichend gewehrt. Schuld- und Insuffizienzgefühle machen sich breit. Familien, in denen Missbrauch stattfindet, können sicherlich als zerrüttete Familien angesehen werden, auch wenn es sich durchaus um so genannte angesehene Familien handeln kann. Auch dieser Aspekt ist ein wichtiger Teil von Bieners Beschreibung.

Das Gefühl des Alleinseins mit diesem schrecklichen Geheimnis isoliert viele Kinder. Manchmal sorgen bereits die Familienangehörigen für diese Absonderung, oft kann man bei missbrauchten Kindern aber auch das Phänomen der »selbst gewählten Isolation« beobachten. Dies kann auf zwei verschiedene Arten stattfinden: Zum einen grenzen sie sich aktiv aus, indem sie von sich aus keinen Kontakt aufnehmen, zum anderen zeigen sie das gegenteilige Verhalten, indem sie keine Grenzen zu anderen mehr wahren können und damit schließlich von ihrer Umwelt ausgegrenzt werden.

Der letztgenannte Punkt der Affekt- und Aggressionsstauungen ist evident. Die wahren Gefühle und Aggressionen können missbrauchte Kinder kaum ausleben, ganz im Gegenteil. Viele Kinder retten sich durch die Flucht in eine Phantasiewelt, um ihre reale Welt nicht spüren zu müssen.

Warum aber einige Kinder mit ihren Problemen umgehen können, andere wiederum sehr schnell an ihre Grenzen gelangen, ist bis heute ungeklärt. Sicherlich spielen noch wesentlich mehr Faktoren eine Rolle, als wir sie hier beschreiben können.

Wichtig ist uns jedoch festzuhalten, dass Kinder in fundamentaler Weise auf ihre Familie angewiesen sind! Für alle weiteren Lebensressourcen sind die Eltern entscheidend. Diese Bedeutung muss immer wieder wahrgenommen werden und damit auch unsere Vorbildfunktion.

Suizidales Verhalten bei Jugendlichen

Bei Jugendlichen ist die Abhängigkeit von der Familie schon wesentlich geringer. Der entscheidende Grundstein zu suizidalem Verhalten wird bei ihnen sicherlich bereits in der Kindheit gelegt, denn es gibt viele Gemeinsamkeiten zwischen der Suizidalität von Kindern und Jugendlichen. Oft stehen lang andauernde Probleme im Hintergrund, die von frühester Kindheit an bestehen und bis ins Jugendalter fortwirken. Die Genese der Kindheitsprobleme ist in diesen Fällen noch immer gültig. Wie oben begründet, begehen Jugendliche jedoch einen Suizidversuch mit einem vollkommen anderen Bewusstsein. Sie wissen um den Tod und seine Endgültigkeit. Auch wenn unbewusst andere Phantasien eine Rolle spielen (zum Beispiel Größenphantasien), wollen sie sich manchmal in ihren Grenzen erfahren und diese spüren.

Das ausschlaggebende Unterscheidungskriterium zwischen Kindern und Jugendlichen liegt in der Pubertät. Die Pubertät ist eine Zeit starken inneren und äußeren Umbruchs. Der Übergang von der Kindheit zum Erwachsensein führt zu einer starken Zerrissenheit. Man kann hier von einer großen und bedeutenden Veränderungskrise in unserem Leben sprechen,

Pubertät als bedeutende Veränderungskrise

denn diese Phase ist geprägt von großer Unsicherheit. Die Jugendlichen wollen einerseits vollkommen eigenständig sein, andererseits sehnen sie sich aber nach der Geborgenheit der Kindheit. Sie sind geplagt von großen Selbstzweifeln und Unsicherheit, was sich häufig in Launenhaftigkeit ausdrückt.

Die Unausgeglichenheit zeigt sich sowohl psychisch wie auch physisch. Der gesamte Körper verändert sich und wirkt manchmal schon erwachsen, obwohl die jungen Menschen sich selbst noch als kindlich erleben. Mit dem Wandel des Körpers entdecken sie die Entwicklung ihrer Sexualität. Die ersten sexuellen Erfahrungen werden gemacht mit all den Schwierigkeiten und Unsicherheiten, die in der Regel auftreten.

Die Entwicklung der eigenen Persönlichkeit tritt immer mehr in den Vordergrund. Die Beziehung zum Elternhaus wird zum ersten Mal hinterfragt und gleichzeitig jene zu den Freunden wesentlich erweitert. Die eigene Zukunft spielt eine ganz neue Rolle. Die ersten Pläne werden geschmiedet: Wie will ich leben? Welchen Schulabschluss soll ich machen? Welchen Beruf will ich ergreifen? Lebensentscheidungen müssen getroffen werden, zumindest Entscheidungen für die nächsten Jahre.

Die Abgrenzung von den Eltern ist ein wichtiger Prozess. Dabei helfen die Kontakte mit den Gleichaltrigen, die eigene Musik, Kleidung usw. Das ist für die Jugendlichen von heute aber nicht mehr leicht: Die Eltern hören oft die gleiche Musik, sehen die gleichen Filme, tragen die gleiche Kleidung und haben furchtbar viel Verständnis! Für die meisten Jugendlichen ist es deshalb äußerst schwierig, sich abzugrenzen, sich irgendwie von ihren Eltern zu unterscheiden. Aber diese Abgrenzung ist außerordentlich wichtig. Sie müssen anders sein dürfen und rebellieren können. Nur dadurch können sie sich als eigenständige Personen erleben und ihr eigenes Ich entwickeln.

Gerade durch die Erprobung des eigenen Ichs kommt es während der Pubertät oftmals zur Eskalation der Schwierigkeiten. Bis dahin verfügbare Coping-Strategien, das heißt Bewältigungsstrategien, versagen häufig. Die bisherigen Sicherheiten haben ihre Gültigkeit verloren. Die Jugendlichen sind in der Regel ziemlich unfähig, mit Erwachsenen über ihre Probleme zu sprechen. Probleme zu haben verbinden viele Jugendlichen mit »Kind-Sein«, und das wollen sie gewiss nicht mehr. Jetzt wollen sie erwachsen und stark sein. Sie versuchen ihre Unsicherheit durch Überspielen mit Hilfe der neuesten Klamotten und mit Prahlen zu verbergen. Doch gerade dadurch besteht die Gefahr, dass ihre soziale Isolation ständig zunimmt. Je mehr Beziehungen in die Brüche gehen, desto größer wird das Gefühl der Hoffnungslosigkeit, das schließlich zu suizidalem Verhalten führen kann.

Der gesamte psychische wie physische Umbruch während dieses Krisenalters ist sicherlich der Hauptgrund, warum die Suizidrate bei Jugendlichen enorm ansteigt. Laut Angaben des Statistischen Bundesamts steigt die Suizidrate bei Jugendlichen zum ersten Mal stark an, danach sinkt sie wieder, um schließlich bei alten Menschen am höchsten anzusteigen, das heißt, in typischen Krisenzeiten ist sie besonders ausgeprägt. Während viele alte Menschen kaum mehr einen Sinn in ihrem weiteren Leben sehen, wird vielen Jugendlichen erstmals die Sinnfrage bewusst. »Wer bin ich?«, »Was kann ich?« und »Was will ich?« sind zentrale Fragen, deren Antworten ständig zwischen Größenwahn und Nichtigkeitsgefühlen schwanken.

In ihrer labilen Verfassung gehen viele Jugendliche dabei häufig bis an ihre Grenzen. Dieses Ausloten der Grenzen kann vielerlei Gesichter haben. In Großstädten machte sich lange die Untugend des S-Bahn-Surfens breit. Die Jugendlichen wissen mittlerweile sehr genau, wie gefährlich diese Mutproben sein können, und viele junge Menschen sind dadurch bereits gestorben. Trotzdem hält es einige nicht davon ab, es weiterhin zu versuchen. Viele Jugendliche neigen darüber hinaus über den Alkohol-, Drogen- und Tablettenkonsum zu Grenzerfahrungen.

Grenzerfahrungen durch Mutproben

Ob der Betäubungsmittelkonsum nun ein Alarmzeichen oder bereits suizidales Verhalten ist, darüber gibt es nach wie vor unterschiedliche Meinungen. Mehrere Untersuchungen zeigen, dass zumindest die gedankliche Bereitschaft zu suizidalem Verhalten unter Drogeneinfluss steigt. Dieses Ergebnis korrespondiert mit dem Alkoholkonsum. Zumindest besteht unter dem Einfluss von Betäubungsmitteln die Gefahr einer überhöhten Selbsteinschätzung auf der einen Seite und die einer Geringschätzung der Risiken auf der anderen. Nicht zuletzt durch dieses Ausloten der Grenzen kann in manchen Fällen nicht unterschieden werden, ob es sich bei Todesfällen um Suizide oder Unfälle handelt.

Klarer wird die Situation, wenn Abschiedsbriefe vorliegen, wie dies bei etwa 20 Prozent der Jugendlichen, die einen Suizidversuch begehen, der Fall ist. Bei den Alarmzeichen wurde bereits auf diese schriftlichen Hinweise eingegangen. Abschiedsbriefe liegen in den meisten Fällen am Tatort, werden aber manchmal auch mit der Post geschickt. Sie haben je nach Alter unterschiedliche Inhalte. Kinder schreiben in den seltensten Fällen Abschiedsbriefe. Dieses Medium wird in der Regel erst ab ungefähr dem zwölften Lebensjahr gewählt. Inhaltlich beziehen sich die Suizidanten manchmal auf die Vorgeschichte und versuchen ihre Tat so zu erklären. Manche entschuldigen sich für ihre Tat, wieder andere sind voller Vor-

Hallo alle die mich
Lieb haben

Ich sehe Keinen sinn mehr
in meinem Leben. In der
Schule werde ich auch nur
noch fertig gemacht fragt nur
mal Steffi (als 1.) caro und
Fanzi ziehen da auch mit.
Ich hätte gerne den anderen
auch noch Tschüß gesagt
aber das geht nun nicht
mehr.
Mama, Papa kümmert euch
um die gerechte Verteilung
meines habens (ihr bekommt
mein Geld).

Ich hab euch
lieb Andrea

Kommt rein es ist
offen bin sowiso
schon tot

würfe direkter oder indirekter Art. Ein Beispiel hierfür ist der Brief eines 13-jährigen Jungen, der seinen Suizidversuch damit erklärte, dass er tot sein will, damit ihn seine Mutter endlich auch so lieb hat wie seinen verstorbenen Bruder.

Der Abschiedsbrief kann auch den Aspekt der Rache oder Erpressung beinhalten. Vor allem junge Menschen, die sich klein, ungeliebt und wertlos empfinden, drücken dies in ihren Briefen aus.

Manche betonen, dass es sich um einen freiwilligen Akt handelt: »Es ist besser so, wenn ich gehe. Dann bin ich keine Belastung mehr für euch!«

Betrachtet man die Anlässe und Motive der Jugendlichen genauer, so sieht man deutlich den Unterschied zu den kindlichen Problemen. Voraussetzung sind sicherlich die pubertären Konflikte, wie wir sie oben beschrieben haben. Doch der häufigste Anlass zu einem Suizidversuch ist der gesamte Bereich Beziehungen. Dazu gehören jegliche innerfamiliären Veränderungen, Liebeskummer und sexuelle Probleme. Auch unerwünschte Schwangerschaften oder Probleme in der Schule führen oft zu suizidalem Verhalten.

Mit zunehmendem Alter verändern sich nicht nur die Anlässe, sondern auch die Ernsthaftigkeit. Während Jungen mehr zu den »harten« Methoden neigen wie Erhängen, Sich-überfahren-Lassen oder Erschießen, wählen Mädchen »weichere« Mittel wie Vergiften oder kombinierte Methoden.

Welche Methode auch immer gewählt wurde und welcher Anlass auch immer dahinter stehen mag: Wichtig ist immer, den Versuch ernst zu nehmen, den Kindern wie den Jugendlichen beizustehen und eine Veränderung herbeizuführen. Diese Veränderung muss sich zwangsläufig immer auf die gesamte Familie beziehen. Nicht ein Mensch allein ist schuld an der Situation. Die Ursachen liegen fast immer in der Familienstruktur begründet. Die wichtigsten Strukturen wollen wir deshalb im Folgenden vorstellen.

Familienstruktur

Familien sind Beziehungsgefüge unterschiedlicher Art. Jedes einzelne Mitglied hat eine bestimmte Rolle, durch die es seine Aufgabe in der Familie erfüllt. Die bekannteste Rolle ist die des Sündenbocks. In Familien mit Zwillingen ist zum Beispiel häufig ein Kind erfolgreich, während das andere versagt und Probleme macht. In vielen Familien gibt es Aufgaben- und Rollenverteilungen, die manchmal auch über Generationen weitergeleitet werden. Manche Kinder bekommen von der Mutter den vielleicht unbewussten »Auftrag«, beispielsweise die Rolle des Großvaters zu übernehmen und den schwachen Vater zu überrunden, andere Kinder hören vom Vater den häufig geäußerten Ausspruch »Ich bringe mich noch um!« und nehmen sich selbst das Leben, sozusagen stellvertretend für den Vater.

Aufgaben- und Rollenverteilungen

Jede Familie hat ihr eigenes Kommunikations- und Interaktionsmuster. Je starrer und inflexibler diese Muster sind, desto stärker leiden die einzelnen Mitglieder. Wenn Kinder und Jugendliche die Erfahrung machen, dass sie kaum Möglichkeiten haben, dieser Struktur zu entkommen, und alle Bewältigungs- und Lösungsversuche fehlschlagen, kann manchmal der Suizid als der einzig mögliche Ausweg gesehen werden.

Wir wollen im Folgenden vier Familiensituationen darstellen, die zu einer Erhöhung des Suizidrisikos führen können. Innerhalb dieser Konstellationen steigt die Gefahr der

Suizidalität noch einmal, wenn die Familie auf engem Raum zusammenlebt, durch andere äußere Faktoren wie chronische Krankheiten oder Arbeitslosigkeit belastet ist und/oder wenn es bereits Vorerfahrungen mit Tod oder Suizidalität gibt.

Gewaltfamilien

Wo beginnt Gewalt? Ist verbale Härte schon Gewalt, beispielsweise bei Bestrafungen, lautem Brüllen, Ignorieren des jungen Menschen, oder beginnt Gewalt bei einer Ohrfeige und steigert sich hin zu Prügeln? Jeder Mensch wird vermutlich hier eine andere Grenze ziehen bei der Frage, was noch tolerabel ist und was nicht mehr. Gewalt beginnt sicherlich bereits auf einem niedrigen Niveau und sollte in jedem Stadium hinterfragt werden. Denn mit Gewalt werden Kinder gedemütigt, und ihre Persönlichkeit wird zerstört.

Durch Schläge lernen Kinder schon sehr früh, sich den Anforderungen der Eltern zu fügen. Doch diese Fügsamkeit entspringt nicht einer Einsicht in das Tun, sondern nur der blanken Angst. Diese Erlebnisse können erneut ein großes Gewaltpotenzial erzeugen. Viele Kinder, die geprügelt werden, entwickeln selbst ebenso Gewaltbereitschaft. Junge Menschen mit Missbrauchserfahrungen werden in vielen Fällen später ebenfalls zu Missbrauchern. Diese Wiederholung ist die Rache für die eigene Wehrlosigkeit in frühen Jahren.

Vorbild Familie

Kinder leiden jedoch genauso unter der Gewalt der Eltern untereinander und deren Unfähigkeit, Konflikte adäquat zu lösen. Brüllende, sich gegenseitig erniedrigende Eltern erzeugen Angst. Auch hier wird unsere Vorbildfunktion deutlich, denn die ständige Angst vor der Gewalt kann sich verfestigen und zu einem generellen Lebensgefühl ausweiten. Die jungen Menschen können Angst vor der Schule, Angst vor Klassenkameraden und Angst vor Bedrohungen jeglicher Art entwickeln. Durch die Gewaltbereitschaft in der Familienstruktur ist es ihnen nicht möglich, angemessene Bewältigungsstrategien zu entwickeln.

Ebenso kann es wiederum zu einer Aggressionsumkehr kommen. Die jungen Menschen richten die erlebte Gewalt nicht nach außen, sondern nach innen gegen sich selbst. Wenn Kinder und Jugendliche keine adäquate Vorstellung von Konfliktlösungsmöglichkeiten entwickeln können, erscheint ihnen die Selbsttötung als letzte Rettung, dem heimischen Terror zu entkommen.

Trennungsfamilien

Trennungsfamilien sind unvollständige Familien, in denen ein oder beide Elternteile infolge von Tod oder Scheidung fehlen. Das Schlagwort »broken home« hat sich heute in weiten Kreisen eingebürgert. Der Verlust eines Elternteils bringt das gesamte Familiensystem ins Wanken und beinhaltet für alle Beteiligten eine starke Entwurzelung, vor allem aber für die Kinder. Zunächst ist es gleichgültig, ob die Trennung durch Scheidung oder durch Tod stattgefunden hat. Die sichere Basis der Eltern, auf die sich die jungen Menschen immer verlassen konnten, existiert nicht mehr.

Scheidungsfamilien

Scheidungsfamilien haben den »Vorteil«, dass rein theoretisch beide Elternteile zur Verfügung stehen können. Es gibt die Möglichkeit, sie anzurufen und sich mit ihnen auseinander zu setzen. Wie belastend eine Scheidung auf die jungen

Menschen wirkt, hängt unter anderem vom Alter der Kinder ab. Kinder unter sechs Jahren reagieren mit erhöhter Ängstlichkeit, verstärktem Weinen, Bettnässen und Aggressionen. Durch die ichzentrierte Sichtweise der jüngeren Kinder entwickeln sich häufig starke Schuldgefühle, Phantasien, irgendeine ihrer Verhaltensweisen hätte die Trennung verursacht. Bei älteren Kindern verliert sich dies allmählich. Sie geben sich dafür mehr Tagträumen und Wiedervereinigungsphantasien hin. Viele werden launisch, schwermütig und klagen über Kopfschmerzen. Jugendliche reagieren häufig mit Schuleschwänzen und suchen generell mehr Kontakt nach außen. Mit anderen Worten: Die jungen Menschen senden jede Menge Alarmzeichen.

In manchen Fällen kann sich eine Trennung der Eltern auch positiv auswirken: Die ewigen Streitereien und Verletzungen haben ein Ende, endlich herrscht Ruhe, und Ängste können allmählich abgebaut werden.

Die elfjährige Marion musste ständig miterleben, wie ihr Vater abends völlig betrunken nach Hause kam. Sie lebte immer in der Unsicherheit, ob er so betrunken war, dass er sich gleich auf den Wohnzimmerboden legte und schlief, oder ob er in aggressiver Stimmung war und die Mutter verprügelte. Als die Mutter schließlich die Kraft fand, sich von ihm zu trennen, war dies für Marion eine Erlösung von ihren täglichen Ängsten, auch wenn sie an ihrem Vater trotz allem hing und ihn auch zuweilen vermisste.

Wenn in dieser für alle Beteiligten schwierigen Situation der Trennung die Kinder und Jugendlichen dazu benutzt werden, den anderen Elternteil auszuspielen oder zu bestrafen, treten typische Einengungsmerkmale auf. In diesem krisenhaften Zustand werden die Sorgen und Nöte der jungen Menschen häufig nicht wahrgenommen, und viele versuchen drastische Warnsignale von sich zu geben, um unbewusst auch auf ihr Leid aufmerksam zu machen.

Max malte in der Schule eine Bildserie, mit der er seinen Zustand sehr deutlich zeigte. Er liegt auf einer Wiese und sein Vater nähert sich mit einer Mähmaschine. Max ruft nach Hilfe, aber der Vater grinst und fährt über ihn hinweg. Überall spritzt Blut und einzelne Körperteile fliegen durch die Luft.

Der Tod eines Elternteils kann ebenfalls starke Verlassenheitsängste bewirken. Die Tatsache, dass der Vater oder die Mutter unwiderruflich weg ist, ist vor allem für Kinder schwer fassbar. Dieses Unverständnis ist gepaart mit der Angst, auch der andere Elternteil könnte sterben. Suizidales Verhalten kann hier durch zwei Aspekte ausgelöst werden: einerseits durch das Gefühl, vom verbliebenen Elternteil nicht genügend wahrgenommen beziehungsweise vernachlässigt zu werden; andererseits sehnen sich die Kinder oder Jugendlichen in ihrer Phantasie nach der verstorbenen Mutter oder dem verstorbenen Vater und wollen ihr oder ihm nahe sein.

Trennung durch Tod eines Elternteils

Kinder werden in ihrer Trauer oft nicht genügend wahrgenommen. Viele Erwachsene sind selbst in ihrem Kummer so gefangen, dass die Kinder auf der Strecke und deshalb mit ihrem Schmerz allein bleiben. Ein Suizid erscheint ihnen der einzige Ausweg zu sein.

Probleme können sich ebenfalls ergeben, wenn ein junger Mensch den verstorbenen Elternteil ersetzen soll. Dies kann auftreten, wenn der gleichgeschlechtliche Elternteil stirbt und der Sohn oder die Tochter nun diese Lücke füllen soll. In diesen Fällen wird das Familiensystem unter allen Umständen aufrechterhalten. Die jungen Menschen sind durch diesen Rollentausch jedoch völlig überfordert. Sie sind Söhne oder Töchter, und sie leben selbst in Trauer. Je auswegloser die Situation ist und je stärker der Druck auf sie wirkt, desto stärker versuchen sie schließlich, sich dieser Situation zu entziehen.

Wir-haben-keine-Probleme-Familien

Manche Familien bilden einen engen Zusammenhalt, indem ihre Mitglieder mit scheinbar größter Freundlichkeit und Höflichkeit einander begegnen. Nie fällt ein böses Wort, nie wird gestritten. Der Zwang zur Harmonisierung steht im Vordergrund. Nach außen scheint ein derartiges Familiensystem perfekt zu sein. Die Eltern sind erfolgreich, die Kinder freundlich und adrett gekleidet.

Zwang zur Harmonie

Betrachtet man jedoch diese Familien genauer, so kann man schnell erkennen, mit welch enormer Anstrengung alle Beteiligten versuchen, dieses System aufrechtzuerhalten. Wie in jeder anderen Familie gibt es auch hier Sanktionen, doch laufen diese mit wesentlich subtileren Mitteln ab. Bereits ein strenger Blick oder das Hochziehen einer Augenbraue des Vaters kann ausreichen, um dem Sohn deutlich zu machen, dass Gefahr im Verzug ist. Diese Gefahr kann beispielsweise im Ausschluss aus dem Beziehungsgeflecht für die nächsten Stunden liegen. Damit ist eine offene Kommunikation innerhalb der Familie nicht möglich. Jegliche Kritik wird als Bedrohung empfunden, Konflikte sind nicht erlaubt und werden ignoriert.

Bei genauerer Betrachtung kann sich herausstellen, dass zum Beispiel der älteste Sohn ab und an etwas auffällig ist und schließlich zum Sündenbock abgestempelt wird. Die gesamte Aufmerksamkeit der Familie wird auf ihn gelenkt. In Wirklichkeit ist die Familienstruktur schon lange angegriffen und nicht mehr stimmig.

Ein Sündenbock in der Familie hat in der Regel die Funktion, vom eigentlichen Konflikt abzulenken. Der ursprüngliche Konflikt liegt häufig in der Beziehung der Eltern, er wird aber nie offen ausgetragen. Die Probleme mit dem Sohn dienen als verlagerter Schauplatz einer tiefer liegenden Ursache.

Anna kam als zweites von drei Kindern zur Welt. Ihre frühe Kindheit war relativ unruhig, da die Eltern durch den mehrfachen Berufswechsel des Vater häufig umziehen mussten. Die Mutter wollte nach ihrem Abitur eigentlich studieren. Sie wollte Ärztin werden und viel Geld verdienen. Wegen ihrer drei Kinder hat sich dieser Wunsch jedoch nie erfüllt. Ihr erstes Kind war ein »Unglücksfall«, durch den sie nun an ihren beruflich wenig erfolgreichen Mann gebunden war. Sie hatte sich ihr Leben ganz anders vorgestellt.

Ihr Mann wusste, dass er in ihren Augen ein Versager war. Er verlor eine Stelle nach der anderen und griff schließlich zur Flasche. Die Mutter tat alles, was in ihrer Macht stand, um seinen Alkoholismus vor der Umwelt zu verbergen.

Als die Kinder groß genug waren, dass sie arbeiten gehen konnte, versuchte sie etwas zum Familienwohlstand beizutragen. Als Verkäuferin war sie in dem kleinen Ort wohl bekannt und genoss durch ihre Freundlichkeit ein gewisses Ansehen. Über viele Jahre hinweg kämpfte sie für ihre Familie, jedoch noch mehr für ihre Anerkennung im Ort.

Ihr Mann trank heimlich weiter. Er hatte seine Alkoholdepots, Verstecke, die zwar allen Familienmitgliedern mit der Zeit bekannt waren, die aber heimlich toleriert wurden. Sie hatten mit den Jahren gelernt, rechtzeitig wegzusehen. Er wiederum hatte gelernt, als Versager dankbar dafür zu sein, dass er in der Familie bleiben durfte.

Anna wuchs heran, ging aufs Gymnasium und war eine gute Schülerin. Alle waren zufrieden mit ihr, man konnte das nette Mädchen gut vorzeigen. Als Anna in die Pubertät kam, hatte sie ihren ersten Freund, einen Maurerlehrling, mit dem sie bald die ersten sexuellen Erfahrungen machte. Die Mutter war wütend. Ihrer Meinung nach passte dieser Freund gar nicht in die Familie. All die Jahre hatte sie sich Mühe gegeben, den guten Ruf der Familie zu wahren. Doch Anna wollte sich nicht beirren lassen und traf sich weiterhin heimlich mit ihrem Freund.

Eines Tages fand die Mutter durch Zufall einen seiner Liebesbriefe und durchsuchte systematisch Annas Zimmer. Es kam zu einem großen Skandal, und die Mutter verbot jeglichen weiteren Kontakt. Sie holte ihre Tochter von der Schule ab und kontrollierte, ob sie wirklich ihre Freundin besuchte.

Anna wurde bald in der Schule auffällig. Die begabte Schülerin lernte kaum mehr und saß unkonzentriert über ihren Arbeiten. Ein blauer Brief nach dem anderen kam von der Schule. Die Eltern waren außer sich, erteilten ihr viele Verbote, kürzten das Taschengeld und lockten sie mit einem Fernseher für ihr Zimmer. Die lang trainierte Ruhe in der Familie war nun endgültig gestört. Die Unaufrichtigkeit ihrer Familie und der Zwang zur Harmonie kamen Anna erst durch die Beziehung zu ihrem Freund richtig zu Bewusstsein. Anna fing zunächst an, an ihren Armen ein wenig herumzuschneiden. Schließlich wurde sie mit einer Überdosis Tabletten gefunden und in letzter Sekunde ins Krankenhaus gebracht. Die inneren Konflikte und Spannungen ihrer Familie wurden von Anna ausgelebt und schließlich durch suizidales Handeln nach außen getragen.

Anna entwickelte wie die meisten Kinder und Jugendlichen ein Empfinden für die Unechtheit der Situation. Junge Menschen haben jedoch wenig Möglichkeiten, irgendetwas zu benennen oder zu verändern.

Symbiotische Familien

In der symbiotischen Familienstruktur sind der enge Zusammenhalt und die starke Abhängigkeit ein wichtiges Kriterium. Während die »Wir-haben-keine-Probleme-Familie« durchaus außenorientiert ist, leben hier die einzelnen Familienmitglieder symbiotisch zusammen, jedoch ohne Empathie und Geborgenheit. Wärme und Liebe sind nicht zu spüren. Außerfamiliäre Kontakte werden nicht gern gesehen und wenn irgend möglich unterbunden. In diesen Familien gibt es klare Vorschriften, wie die Einzelnen sich zu verhalten haben. Sie bieten keinen Raum zur Entwicklung einer Individualität. Selbständigkeit und Kreativität sind hier nicht gefragt, Widerspruch wird nicht geduldet. So kann der Suizid manchmal als einziger Ausweg aus dieser Situation gesehen werden, als letzte Möglichkeit individuellen Handelns.

Enger Zusammenhalt und starke Abhängigkeit

Lisa lebte in einer großen Familie. Ihre Großmutter, die Eltern und die Geschwister wohnten alle unter einem Dach. Seit Jahrzehnten gab es in der Familie die heilige Regel, dass der Sonntag der Familie gehört und gemeinsame Ausflüge gemacht werden.

Lisa mochte diese Ausflüge noch nie. Sie hasste das gemeinsame Wandern, bei dem kaum ein Wort gesprochen wurde, es sei denn, es ging um das gemeinsame Bewundern der Landschaft oder einer Pflanze. Es gab zwar immer einen Picknickkorb, aber auf ihre Bedürfnisse und Wünsche wurde nicht eingegangen. »Schon meine Mutter hat den Korb mit diesen Dingen gefüllt«, pflegte die Großmutter immer zu kommentieren.

Mit zunehmendem Alter wurden diese Ausflüge für Lisa mehr und mehr zur Tortur. Wie gern wäre sie mit ihren Freunden weggegangen!

Ihre erste Verweigerung endete mit einem Familiendrama. Als Lisa am Abend nach Hause kam, hatte sich die Großmutter bereits in ihr Zimmer zurückgezogen. Die Mutter saß da und weinte, und Lisas Vater machte ihr klar, wie egoistisch sie sei: »Du denkst nur an dich. Die Familie ist dir wohl völlig egal?«

Je mehr Lisa aus der Familie herausdrängte, desto größer wurde die Missbilligung. Die Eltern machten ihr immer wieder deutlich, dass sie ohne die Familie ein Nichts sei. Sie würde es sowieso zu nichts bringen und würde noch froh und dankbar sein, dass sie ihre Eltern hätte.

Lisa konnte sich ihrer Familie nicht verständlich machen. Alle Gespräche mit ihren Eltern endeten mit Niedergeschlagenheit oder Traurigkeit der Mutter oder Großmutter. Vaters strenger Blick war deutlich zu sehen. Lisa spürte, wie ihre Schuldgefühle und ihre Scham über ihre Unfähigkeit, eine gute Tochter zu sein, immer mehr dem wachsenden Gefühl der Angst und der Feindseligkeit gegenüber ihren Eltern Platz machten. Lisa schwankte zwischen Schweigen, Wutausbrüchen und Schuldgefühlen zur selben Zeit. Bei allen Gesprächen blieb sie ohnmächtig zurück.

Ganz langsam wurde die häusliche Situation immer zermürbender. Es lag eine Unheil verkündende Atmosphäre in der Luft. Das System kam mehr und mehr ins Wanken. Weder die Eltern noch die Großmutter hatten Verständnis für sie, und alle machten ihr deutlich, dass sie mit ihren unsinnigen Gedanken nichts zu tun haben wollten. Lisa sah sich schließlich dem Familiendruck nicht mehr gewachsen und versuchte sich mit Schlaftabletten das Leben zu nehmen.

Teil II

Prävention und Hilfe

Nach all den ausgeführten Hintergründen, warum Kinder und Jugendliche einen Suizidversuch begehen, müssen wir uns fragen, was können wir als Eltern, Lehrer, Erzieher oder Betreuer nun tun, damit Kinder und Jugendliche nicht so weit kommen, einen Selbsttötungsversuch zu unternehmen?

Suizidalität ist kein spezielles Phänomen unserer Zeit; sie ist so alt wie die Menschheit. Es gab schon immer Notsituationen, die (junge) Menschen an den Rand des Erträglichen brachten. Trotzdem herrschten in den einzelnen Epochen auch immer unterschiedliche Hintergründe vor, sozusagen unterschiedliche Klimata, die Suizidgedanken hervorriefen.

Wir haben immer betont, dass wir zwischen der Ursache, dem Motiv und dem aktuellen Auslöser unterscheiden müssen. Die *Ursachen* waren vermutlich immer die gleichen, nämlich eine Entwertung der Kinder, die zu einer Störung ihrer Persönlichkeit führte und führt. Die *Motive* für einen Suizidversuch, die länger andauernden Konflikte, haben sich vermutlich während der letzten Jahrzehnte gewandelt, da sich unsere Gesellschaftsstruktur enorm verändert hat und damit auch die Erziehung der Kinder. Auch der *aktuelle Auslöser* wird in manchen Fällen modernen Umständen unterliegen.

Wenn Kinder suizidal werden, versuchen, sich das Leben zu nehmen, dann stellen wir uns die Frage: Wie konnte es so weit kommen? Meist erscheint uns die Tat zunächst völlig unerklärlich. Wenn der erste Schock vorüber ist und wir ein wenig zur Ruhe kommen, fallen uns plötzlich einige Äußerungen und Signale der Kinder ein, Signale, die uns hätten zeigen sollen: »In mir ist etwas nicht in Ordnung.« Erst dann wird uns bewusst, dass wir einiges hätten anders machen können. Nachträglich fällt es uns wie Schuppen von den Augen, was wir vorher nicht sehen wollten.

Hinterher sind wir immer klüger. Dieses Phänomen kennt vermutlich jeder Mensch. Über lange Zeit spüren wir durchaus, dass manches in unserem Handeln nicht unbedingt richtig ist, aber wir leben trotzdem nach der berühmten Vogel-Strauß-Politik weiter und warten einfach ab. »Es wird schon alles gut gehen« oder »Andere sind auch groß geworden« sind Beispiele für Gedanken, die uns beschwichtigen. Doch eines Tages werden wir eines Besseren belehrt, und dann ist es höchste Zeit, unser eigenes Verhalten und unsere Einstellung unseren Kindern gegenüber neu zu überdenken.

Natürlich wäre es am besten, wenn wir bereits im Vorfeld alle Maßnahmen ergreifen würden und könnten, um einem Suizid beziehungsweise Suizidversuch vorzubeugen. Meistens beginnen wir mit unseren Überlegungen aber erst dann, wenn bereits etwas passiert ist. Aber auch zu diesem Zeitpunkt ist es möglich, gegen eine weitere Krisensituation präventive Maßnahmen zu ergreifen.

Mit den theoretischen Hintergründen haben wir uns bereits beschäftigt. Doch was tragen wir selbst dazu bei beziehungsweise was können wir konkret tun, um einen Suizid zu verhindern, und – vor allem – was können wir unternehmen, damit unsere Kinder ausgeglichen sind und sich wohl fühlen? Welche Möglichkeiten haben wir, damit die Ursachen, die zu suizidalem Verhalten führen, gar nicht erst entstehen?

Man unterscheidet drei verschiedene Präventionstypen: Die *primäre Prävention*, die von vornherein verhindern soll, dass Menschen überhaupt in die Gefahr von Suizidalität kommen, die *sekundäre Prävention*, die der Krisenintervention dient, wenn bereits akute Suizidalität droht, und die *tertiäre Prävention*, die die Gefahr eines Rückfalls verhindern soll.

Primäre Prävention

Die Frage der primären Prävention, also die Frage danach, wie wir verhindern können, dass unsere Kinder überhaupt in eine derartige Not kommen, dass sie »so« nicht mehr leben wollen, betrifft vor allem uns Eltern. Wir sind diejenigen, die unsere Kinder am meisten prägen. Unsere Einstellung, unsere Zuwendung und Liebe beeinflussen den größten Teil ihres zukünftigen Verhaltens und Wohlbefindens. Wir sind diejenigen, die das Fundament in ihrem Leben aufbauen. Das bedeutet in der Konsequenz, dass die primäre Prävention indirekt schon nach der Zeugung beginnt, das heißt bei der Art, wie bewusst und verantwortungsvoll wir mit der Schwangerschaft umgehen, und direkt mit der Geburt des Kindes.

Allerdings geschieht Erziehung längst nicht mehr nur zu Hause und in einem eng begrenzten und überschaubaren Kreis von Verwandten und Freunden oder im Bereich der Schule. Der gesellschaftliche Einfluss bestimmt die Entwicklung unserer Kinder in einem hohen Maß. Er beeinflusst die jungen Menschen auf direktem Weg, aber auch indirekt durch den gesellschaftlichen Druck, unter dem wir Eltern stehen und den wir wiederum an unsere Kinder weitergeben.

Deshalb sind diese drei Stränge – die Erziehung durch die Eltern, in der Schule und durch die Gesellschaft – wichtige Aspekte, um Ansatzpunkte der Prävention von Suizidalität zu beleuchten. Unser Erziehungsstil und unsere Haltung den Kindern gegenüber prägen das Fundament, das wir den jungen Menschen mitgeben. Je mehr Sicherheit wir ihnen geben, desto besser ist die Suizidprävention. Doch scheint gerade während der letzten Jahrzehnte die Sicherheit darüber, wie man erzieht beziehungsweise erziehen darf, verloren gegangen zu sein. Und damit tragen wir viel dazu bei, dass Kinder unsicher werden. Wir schaffen damit einen Nährboden für suizidales Verhalten.

Erziehung im Elternhaus, in der Schule und durch die Gesellschaft

Beruf: Eltern

Der Wert liebevoller und fördernder Erziehung ist während der letzten drei Jahrhunderte immer stärker ins Bewusstsein der Menschen getreten. Pädagogen und Pädagoginnen wie Johann Heinrich Pestolozzi oder Maria Montessori haben die Bedeutung der Zuwendung und die Auswirkungen kindlicher Entfaltungsmöglichkeiten auf das weitere Leben der jungen Menschen deutlich hervorgehoben und zum Teil in ein neues Licht gestellt. Doch noch nie gab es so viele verschiedene pädagogische Modelle und so viele Einrichtungen für Kinder wie in den letzten 40 Jahren. Scheinbar stehen dieser Generation nun alle Möglichkeiten offen, die sie eigentlich zu glücklichen Menschen machen müssten.

Verschiedene pädagogische Modelle

Der herrschende Erziehungsstil bis in die Nachkriegszeit war autoritär geprägt. In vielen Familien hatten Kinder und

Jugendliche keine Möglichkeit zu diskutieren oder offen eigene Bedürfnisse zu äußern, geschweige denn, zu Handlungen der Eltern Stellung zu nehmen. Dies wurde durch teils sehr rigorose Strafen durchgesetzt.

Als Gegenreaktion entwickelte sich Ende der 60er-Jahre die antiautoritäre Erziehung. Sie schien der lang ersehnte Befreiungsschlag zu sein für all diejenigen, die selbst unter den starren Einschränkungen durch ihre Eltern gelitten hatten, die keine Diskussion zuließen. Doch stellte sich sehr bald heraus, dass auch diese neue repressionsfreie Form der Erziehung nicht unbedingt die Heil bringende Lösung war. Matthias Horx schrieb im *ZEIT-Magazin* einen Artikel über die Kinderladen-Kinder von Berlin. Mit der Überschrift »Onkel Matthias, müssen wir heute wieder tun, was wir wollen?« brachte er das Dilemma dieser Kindergeneration auf den Punkt.

Allerdings wurden auch viele Eltern mit dieser Methode nicht glücklich. Manche Mütter und Väter versuchten das Treiben ihrer Kleinen so lange wie möglich auszuhalten, es als einen notwendigen und wichtigen Ausdruck der Entfaltung ihrer Kinder anzusehen, bis der elterliche Geduldsfaden irgendwann dann doch riss und sich der Aggressionsstau in unterschiedlich vehementen Formen entlud.

Der natürliche Instinkt für Grenzen, das heißt für Worte wie »Nein«, »Stopp« oder »Halt«, durch die Kinder Grenzen erlebt hätten, ist ständig unterdrückt worden und wird zum Teil heute noch unterdrückt. Denn seit die Laisser-faire-Phase nun auch abgeklungen ist, scheint es eine allgemeine Unsicherheit zu geben, wie man überhaupt erziehen »darf«. Durch diese Verunsicherung von uns Eltern bekommen die vier von Émile Durkheim beschriebenen Hintergründe von Suizidalität – der Mangel an Gemeinschaftssinn, die verkümmerte

Identität, die Regellosigkeit und die überstrenge Regulierung – eine bemerkenswerte Aktualität.

Wir heben im Folgenden zwei Aspekte hervor, die uns bei der primären Prävention als besonders wichtig erscheinen:

1. Wir müssen die Aufgaben hinterfragen, die wir unseren Kinder bewusst oder unbewusst auftragen.
2. Wir müssen den Kindern mehr Sicherheit geben durch klare Grenzen.

Die Aufträge an unsere Kinder

Der Kinderwunsch gehört zu unseren Urinstinkten. Er ist das Normalste der Welt, und wir machen uns in der Regel kaum Gedanken darüber, warum wir eigentlich Kinder wollen. Und doch steckt hinter diesem Wunsch oft ein sehr egoistisches Motiv: Wir wollen ein Kind für *uns*, ein Kind, das unsere Aufträge erfüllt, ohne zu berücksichtigen, ob diese Aufträge seiner Individualität, seinen Fähigkeiten und seinen Bedürfnissen entsprechen.

Kinder haben schon immer mehr oder weniger bewusst Aufgaben erhalten, die sie für ihre Eltern erfüllen sollten. Kinder waren wichtig als Arbeitskräfte, als Absicherung fürs Alter usw., aber auch, um eigene unerfüllte Wünsche zu erledigen. Dies kann für die psychische Entwicklung der Kinder gefährlich werden, wenn der Erwartungsdruck der Eltern überstark ist oder wenn ihre Erwartungen nicht der Persönlichkeit des Kindes entsprechen.

Das Bedürfnis nach Geborgenheit

Gesellschaftliche Strukturen haben sich schon immer verändert, doch während der letzten Jahrzehnte hat sich das Tempo des gesellschaftlichen Wandels in einem Maße gesteigert wie nie zuvor. Schon seit langem fallen die Großfamilienstrukturen auseinander und die Scheidungsrate nimmt immer mehr zu. Noch nie gab es so viele Einzelhaushalte. Das Bedürfnis, als Single zu leben, scheint sich auch weiterhin stark zu erhöhen, offensichtlich aber auch gleichzeitig die Angst davor, denn ein nicht ganz neues, aber wesentlich häufigeres Motiv, ein Kind zu bekommen, ist der Wunsch, jemanden zu haben, der endlich ausschließlich für einen selbst da ist. Es ist der Wunsch nach einem Kind, dem man die ganz Liebe schenken kann, die man sonst niemandem geben kann oder vielleicht auch selbst nie bekommen hat. Das Kind soll die Sicherheit vermitteln, wirklich geliebt zu werden.

Bedürfnisbefriedigung auf dem Rücken der Kinder

Susanna, ein 17-jähriges Mädchen, das wegen ihrer Panikattacken bei mir in Therapie war, brachte dies genau auf den Punkt:

»Meine Mutter hat sich nie um mich gekümmert. Sie war eigentlich ständig unterwegs und oft wusste ich nicht, wann sie nach Hause kommt. Sie sagte immer, ich solle halt den Fernseher anmachen, wenn mir langweilig wäre. Manchmal brachte sie mir was Süßes mit oder irgendwelche Zeitschriften, aber das war mir völlig egal. Ich glaube, sie hat mich nie wirklich lieb gehabt, und deshalb will ich jetzt mein eigenes Kind. Ich werde immer für mein Kind da sein. So wie meine Mutter will ich nie werden.«

Diese Motivation, Kinder zu bekommen, die Susanna so genau formuliert, kann man in allen Altersgruppen finden. Mit einem Hintergrund wie diesem erhalten Kinder eine festgelegte Aufgabenstellung. Sie sollen für die Eltern da sein und deren Ängste vor der Einsamkeit lindern, eine Aufgabe, die die Kinder jedoch meist nicht lange erfüllen (können).

In gewisser Weise kann man bereits diesen Ansatzpunkt

als eine Entwertung des Kindes ansehen. Hinter diesem Kinderwunsch steckt das Motiv, sich indirekt zu entschädigen für etwas, das man selbst nicht bekommen hat. Das Kind dient der eigenen Bedürfnisbefriedigung.

Solange Kinder noch sehr klein sind und völlig abhängig von den Erwachsenen, können sie diese elterlichen Bedürfnisse stillen. Wenn Kinder allerdings anfangen, ihre Umwelt zu erkunden, eigene Wege zu gehen und Schwerpunkte auch außerhalb der elterlichen Umgebung zu suchen, entwickeln viele Eltern Verlustängste. Verbal oder nonverbal signalisieren sie ihren Kindern, dass sie gebraucht werden. Bei Kindern mit einer solchen Aufgabenstellung besteht die Gefahr, dass sie eine verkümmerte Identität entwickeln.

Markus, ein 17-jähriger Schüler, wagt es kaum mehr, mit Freunden wegzugehen, seit sein Vater vor zwei Jahren gestorben ist. Er erzählt:

»Ich spüre genau, wie schlecht es meiner Mutter geht, wenn ich unterwegs bin. Eigentlich sagt sie gar nicht viel, wenn ich mich mit anderen treffen will, aber ich sehe ja ihr Gesicht und dann weiß ich genau, dass sie jetzt traurig ist, weil sie allein ist. Dann macht es mir auch keinen Spaß mehr wegzugehen. Ich fühle mich einfach für sie verantwortlich und so bleibe ich die meiste Zeit zu Hause. Aber so kann das auch nicht weitergehen. Ich verliere alle meine Freunde, und manchmal werde ich auch als ›Mamasöhnchen‹ verspottet. Aber ich weiß einfach keinen Ausweg.«

Kinder entfalten ein sehr feines Gespür für die Ansprüche ihrer Eltern. Je mehr sie für die Erwachsenen Verantwortung übernehmen müssen, desto stärker lastet der (Leidens-)Druck auf ihnen. Wenn der Druck das Gefühl des Erträglichen übersteigt, bleibt manchen Kindern nur noch der Ausweg in die Suizidalität.

Durch die Erfindung der Pille können wir (zumindest wesentlich besser) beeinflussen, ob wir überhaupt Kinder wollen, und wenn ja, wie viele. Dadurch haben Kinder auch einen neuen Stellenwert für elterliche Bedürfnisse bekommen. Die Kinderzahl wird nun so gut wie möglich geplant und in einer völlig neuen Form in das Leben integriert.

Das großartige Kind

Ein anderes Bedürfnis, mit dem wir unsere Kinder überfordern, ist, dass sie erreichen sollen, was wir selbst nicht geschafft haben. Vieles von dem, was man selbst nicht lernen durfte, sollen nun die Kinder lernen »dürfen«. Ganze Heerscharen von kleinen Eisprinzessinnen oder sechsjährigen musikalischen Genies zeugen von ehrgeizigen Eltern. Die heute geringere Kinderzahl pro Familie führt leicht dazu, dass in das einzelne Kind wesentlich mehr hineinprojiziert wird. Was in früheren Zeiten mehrere Kinder auffangen konnten, ruht nun auf den Schultern von einzelnen. Diesen Anforderungen können manche Kinder nicht standhalten. Auch wenn sie sich noch so viel Mühe geben, ihre Klavierkünste halten sich beispielsweise einfach in Grenzen.

Eigene Bedürfnisse auf die Kinder projiziert

Meine Patientin Patrizia erzählte mir, dass sie felsenfest der Meinung sei, aus ihrer Tochter werde einst eine große Pianistin. Diese musste manchmal täglich stundenlang üben, bis sie ein Stück fehlerfrei konnte. Es war ein ständiger Kampf. Die Mutter wünschte sich so sehr, dass ihre Tochter zu Weihnachten ein Stück von Mozart vorspielen könnte. Ich riet ihr, sich mit der Klavierlehrerin in Verbindung zu setzen, um über die Fortschritte beziehungsweise Möglichkeiten der Tochter zu sprechen. Die Lehrerin machte der

Mutter jedoch deutlich, dass ihre Schülerin nun wirklich kein Talent hätte.

Meine Patientin kam sehr aufgebracht in die nächste Stunde und schimpfte über die Unfähigkeit der Klavierlehrerin. Im Laufe der Sitzung stellte sich heraus, dass Patrizia als Kind selbst den dringenden Wunsch gehabt hatte, Klavierspielen zu lernen. Ihre beste Freundin hatte ein Klavier und sie beneidete sie heiß und innig darum. Ihre Eltern hatten allerdings zu wenig Geld und die Wohnung war zu klein, als dass sie selbst eines hätte besitzen können. Nun sollte ihre Tochter alles für sie nachholen und ihr ihren Wunsch erfüllen.

Nun war es jedoch wichtig, der Tochter zu erlauben, mit dem Klavierspielen aufzuhören, ohne dass diese das Gefühl bekam, versagt zu haben, indem sie den Herzenswunsch ihrer Mutter nicht erfüllen konnte. Durch ein ausführliches Gespräch konnte die Mutter ihre Bedürfnisse und die ihres Kindes besser trennen und mit ihrer Tochter in aller Ruhe darüber sprechen.

Das Gefühl, ein Versager zu sein, den Wünschen und Regeln der Eltern nicht entsprechen zu können, lastet schwer auf den Schultern von Kindern. Wenn man sich selbst als Versager erlebt, sich selbst abstempelt, trägt man häufig einiges dazu bei, dann auch tatsächlich zu versagen, also sich selbst zu bestätigen, dass man doch damit Recht hat, »nichts zu taugen«. Dies kann ein lang anhaltendes Motiv für Kinder und Jugendliche sein, unter dem sie vielleicht sogar über Jahre hinweg leiden, bis schließlich noch ein kleiner Auslöser hinzukommt, der genügt, um suizidal zu werden. Ein derartiger Auslöser kann beispielsweise ein schlechtes Zeugnis sein, das nun vordergründig schwarz auf weiß bestätigt, was das Kind schon lange in sich gefühlt hat.

Kinder müssen spüren, dass sie geliebt werden, wie sie sind und mit den Fähigkeiten, die sie haben. Sie müssen fühlen, dass bei den Eltern kein Rest von Groll oder Enttäuschung zurückbleibt, wenn sie den Aufträgen der Eltern nicht gerecht werden. Voraussetzung dafür ist, als Elternteil selbst damit einen inneren Frieden schließen zu können.

In der Regel ist es sicher sehr schwer, einen lang gehegten Wunsch einfach abzulegen. Offene Gespräche mit der Partnerin beziehungsweise dem Partner können dazu bereits aber einen wichtigen Beitrag leisten. Häufig hilft auch ein Austausch mit anderen Eltern oder in manchen Fällen eine therapeutische Unterstützung.

Die Bedeutung von Grenzen

Zum Gefühl, wertvoll zu sein, gehört – obwohl dies vielleicht zunächst paradox klingen mag – auch das Gefühl für die eigenen Grenzen, gemäß dem Motto: *Grenzen geben Halt.*

Die allererste Instanz für Grenzen im Leben eines Kindes sind wir Eltern. Wir sind die Hauptbezugspersonen, von denen sie zunächst lernen, wie weit und groß die Welt ist und wo sich Grenzen befinden. Diese Grenzen zeigen, dass die Welt nicht uferlos ist und man keine Angst zu haben braucht, in ein Nichts abzustürzen.

Grenzen als Ausdruck von Liebe

Viele Eltern scheuen sich davor, ihren Kindern Grenzen zu setzen, da sie dies als eine Verletzung des kindlichen Rechts auf Experimentierfreude oder als autoritäre Bevormundung betrachten, durch die sie das Kind verärgern. Das Gegenteil ist der Fall. Wenn Eltern ihren Kindern angemessene Grenzen setzen, schenken sie ihnen damit Aufmerksamkeit und Fürsorglichkeit.

Stellen wir uns folgende Szene vor: Ein dreijähriger Junge sitzt mit seinem Vater im Wohnzimmer. Der Junge untersucht mit großem Interesse alles, was sich auf dem Tisch befindet: die Gläser, die Kerzen, die Zigaretten und die Streichhölzer. Der Vater blickt kurz von seiner Zeitung hoch und sagt ruhig: »Lass das mal sein!«, und liest weiter. Der Sohn hat aber inzwischen die Zigaretten als interessantes Spielobjekt entdeckt. Der Vater schaut wieder kurz auf, reagiert aber nicht. Dies wertet nun das Kind als konkrete Erlaubnis beziehungsweise Aufforderung, mit seinem Spiel weiterzumachen. Der Junge nimmt die Kerze aus dem Kerzenständer, und der Vater sagt erneut: »Lass das stehen.« Als Nächstes untersucht der Junge die Streichhölzer. Solange der Vater sich nicht ernsthaft um die Handlungen seines Sohns kümmert und ihm sehr klar und bestimmt – vor allem in der richtigen Stimmlage und unterstrichen durch den Gesichtsausdruck – mitteilt: »Es ist mir ernst, mein Sohn!«, so lange bekommt das Kind das Gefühl, dass der Vater nur mal kurz redet, aber nicht ernst zu nehmen ist.

Zunächst geht es dabei natürlich darum, überhaupt die Aufmerksamkeit des Vaters zu erregen. Aber vor allem ist es ein Spiel mit den Grenzen. Dadurch, dass der Vater in erster Linie seinen Interessen nachgeht und nur sehr unentschlossen seinem Sohn Einhalt gebietet, lernt das Kind zwei Dinge: dass es eigentlich gar nicht so schlimm ist, was es gerade macht, und dass es dem Vater nicht so wichtig ist wie die Beschäftigung, der er selbst gerade nachgeht (was durchaus zwischenzeitlich gerechtfertigt ist, solange das Kind keinen unerlaubten Tätigkeiten nachgeht). Wenn der Vater in aller Klarheit seinem Sohn eine Grenze setzt, bekommt das Kind damit eine Orientierung für das, was es darf und was nicht. Diese klare Angabe gibt ihm Halt, den Halt, den er auch weiter suchen wird, wenn der Vater nicht reagiert. Dieses »Es ist mir ernst, mein Sohn!« heißt gleichzeitig: »Es ist mir wichtig, dass dir nichts passiert und dass du lernst, mit Grenzen umzugehen. Du bist mir wichtig.«

Im Prinzip erleben alle Eltern, wie sehr Kinder nach Grenzen suchen. Doch die Verunsicherung von uns Eltern ist so groß, dass wir oft nicht mehr wagen, einfach unserem natürlichen Instinkt zu folgen. Wir erdulden manchmal Situationen, die wir eigentlich als unzumutbar und unerträglich definieren würden. Wie oft kann man beispielsweise hören, wie kleine Kinder auf ihre Mütter einschlagen, sie mit Schimpfwörtern beschimpfen, die man sich bei niemandem sonst gefallen ließe, bei denen man bei fremden Menschen vielleicht sogar Gerichtsprozesse heraufbeschwören würde.

Die Angst der Eltern vor Grenzen

Auf einer Kinderstation einer Klinik wussten die Krankenschwestern viele derartige Beispiele zu erzählen. Eine Mutter kam mit ihrer dreijährigen Tochter auf dem Arm ins Krankenhaus. Die Tochter biss die Mutter tief in die Backe, schlug auf sie ein und spuckte sie an. Die Mutter schaute hilflos zur Krankenschwester und klagte: »Sehen Sie, das macht sie die ganze Zeit mit mir. Ich habe überall Bisswunden. Ich drohe ihr zwar immer an, sie auch mal zu beißen, aber das habe ich natürlich nie getan.«

Bei einer Veranstaltung zum Thema Kindererziehung berichteten Eltern, dass ihr zweijähriger Sohn nur essen würde, wenn er nebenbei viele Bausteine auf dem Tisch zum Spielen hätte. Sie fragten nach, ob es richtig sei, die Bausteine immer wieder aufzuheben, wenn er sie herunterstößt.

In einer Erziehungsberatungsstelle beschwerte sich ein elfjähriges Mädchen, dass seine Mutter so engstirnig sei, es gäbe doch überhaupt keinen wichtigen Grund, warum sie nicht in allen Räumen rauchen dürfe. Sie müsse zum Rauchen immer auf ihrem Zimmer bleiben.

Bei Beispielen wie diesen muss man sich fragen: Was ist geschehen, dass wir den Kindern keine Grenzen mehr setzen können, ganz im Gegenteil, dass wir anfangen müssen, uns gegen die Kinder zu wehren?

Ein wichtiger Punkt ist sicherlich die Verunsicherung durch die wechselnden Erziehungsprinzipien und die Tatsache, dass nun zum Teil die Kinder, die mehr oder weniger antiautoritär erzogen wurden, nun selbst zu Eltern geworden sind und ihre eigene Unsicherheit aus vergangenen Zeiten weitergeben.

Ein zweiter Punkt ist die Angst davor, als autoritär verschrien zu sein. Seit der Nachkriegszeit ist Autorität in erster Linie negativ besetzt. Dass es auch positiv sein kann, eine Autorität für jemanden zu sein, leuchtet manchen erst dann ein, wenn wir das Wort Autorität durch den Begriff *Idol* ersetzen, der weitaus weniger »gefährlich« klingt und allgemein anerkannt ist. Was Idole machen und vorgeben, hat den Stellenwert von Autorität. Nachdem Idole für Kinder und Jugendliche eine wichtige Funktion haben, wird deutlich, dass sie sich automatisch Autoritäten in ihrem Leben suchen. Also könnten es genauso gut die eigenen Eltern sein. Wenn wir bedenken, dass wir als Eltern schließlich die ersten Idole sind, wird es vielleicht für manche akzeptabler, Autorität zu zeigen.

Ein dritter Punkt ist in den Schuldgefühlen der vielen Mütter und Väter zu finden, die neben der Kindererziehung auch noch außer Haus einer Berufstätigkeit nachgehen. Sie kommen abends völlig übermüdet nach Hause, wissen, dass nun ihre Kinder viele Ansprüche an sie haben und diese sogar gerechtfertigt sind. Die Eltern haben ein schlechtes Gewissen, dass sie sich viel zu wenig um sie gekümmert haben, gleichzeitig sind sie viel zu erschöpft, um sich noch durchzusetzen. Diese Mischung aus Erschöpfung und dem Gefühl, jetzt doch wenigstens eine »liebe« Mutter oder ein »lieber« Vater sein zu müssen, der nicht auch noch etwas verbietet, mündet dann in eine Laisser-faire-Haltung, die letzten Endes niemandem nützt.

Kinder kümmern sich nicht um die Müdigkeit von uns Eltern, sie suchen immer nach Grenzen, ganz im Gegenteil, häufig testen sie uns gerade dann, wenn wir endlich verfügbar sind. Wenn wir ihnen dann alles durchgehen lassen, gehen sie eine Stufe weiter und versuchen auf der nächsten Ebene, ihre Grenzen zu finden. Das »Spiel« geht so lange, bis unsere elterliche Erschöpfung schließlich in Erregung umschlägt und wir unsere Gefühle und Handlungen nicht mehr ganz im Griff haben.

Wenn Eltern plötzlich schreien oder sogar schlagen, reagieren die Kinder wie gelähmt und schockiert über den Gewaltausbruch beziehungsweise die Lautstärke und Heftigkeit, mit der die Eltern sie behandeln. Die Eltern sind aber nicht minder erschüttert, dass sie sich dazu haben hinreißen lassen. Beide Seiten geloben vielleicht kurzfristige Besserung – bis zum nächsten Mal.

Um es nicht so weit kommen zu lassen und ein immer weiter gehendes Abtasten von Grenzen zu verhindern, müssen diese rechtzeitig abgesteckt werden.

Wenn wir wieder zurückgehen zum Ausgangssatz »Grenzen geben Halt«, dann können wir verfolgen und verstehen, warum Kinder und Jugendliche immer mehr und immer stärker ihre Grenzen suchen.

Kleine Kinder bleiben in erster Linie in ihrem häuslichen Radius. Die Grenzen zu setzen wird schon schwieriger, wenn die Kinder anfangen, sich außerhalb des Hauses mit anderen

Kindern zu treffen. Wir können sie natürlich nur bis zu einem bestimmten Alter begleiten, irgendwann ziehen sie endgültig ohne uns los. Das sollte uns aber nicht daran hindern, ihnen auch weiterhin Grenzen zu setzen. Sie brauchen klare Absprachen, wo sie hingehen dürfen, mit wem und wie lange. Natürlich waren – aus kindlicher beziehungsweise jugendlicher Perspektive – Verbote auch immer schon dazu da, um sie nach Möglichkeit zügig zu überschreiten. Das kennen wir aus unserer eigenen Kindheit, wenngleich wir oft ein schlechtes Gewissen dabei hatten. Strafen sollten wir aber nur da androhen, wo wir sie ernsthaft umsetzen können und wo wir dies dann auch tatsächlich tun. Wenn wir Drohungen nicht einhalten, sind sie vollkommen überflüssig, ja sogar schädlich für die Beziehung zu unseren Kindern, wir werden unglaubwürdig. Kinder verstehen sehr schnell, wenn etwas nicht eingehalten wird. Wir machen uns lächerlich, und die Kinder provozieren weiter, so lange, bis wir schließlich eine Grenze ziehen oder – im schlimmsten Fall – sie selbst Grenzen in Form von Suizidalität setzen.

Grenzen geben Halt

Wie wichtig Grenzen selbst bei älteren Jugendlichen sind, wird durch die 17-jährige Beate deutlich, die sich intensiv in der Punkszene aufhielt. Sie kam eines Tages völlig empört zu mir, da ihre Eltern erklärt hatten, sie könne nun heimkommen, wann sie wolle. Sie war vollkommen aufgebracht und meinte: »Das geht doch nicht. Das können die doch nicht mit mir machen!«

In einer Jugendgruppe kam es zu einem großen Krach mit Silvia, einem 18-jährigem Mädchen, das sich nicht an die Essregeln halten wollte. Silvia stampfte lautstark und wild gestikulierend den Gang entlang zu ihrem Zimmer und schlug mit aller Macht die Tür hinter sich zu. Allerdings dauerte es nur eine halbe Stunde, und Silvia kam aufgeräumt und bester Laune aus ihrem Zimmer heraus, setzte sich zu den anderen an den Tisch und tat so, als wäre überhaupt nichts geschehen.

Die wenigsten Eltern können sich vorstellen, dass ihre eigenen Kinder tatsächlich so oder ähnlich reagieren würden, wenn sie mit mütterlicher oder väterlicher Strenge konsequent durchgriffen. Doch bislang hat es noch immer funktioniert. Grenzen geben Halt!

Wenn wir Kindern und Jugendlichen keine Grenzen setzen, gehen sie immer einen Schritt weiter. Wenn sie im Elternhaus keine bekommen, testen sie ihre Grenzen in der Schule. Sie probieren Drogen, um die Grenzen bei sich selbst und schließlich in der Bestrafung zu finden. Als Nächstes suchen viele Jugendliche die gesellschaftlichen Grenzen auszutesten, indem sie mit dem Gesetz in irgendeiner Weise in Konflikt geraten. Die zunehmende Gewalt von und unter Jugendlichen gibt ein deutliches Zeugnis davon. Als letzte Instanz suchen sie schließlich die Grenzerfahrung durch das Spiel mit ihrem Leben.

Scheidungsfamilien

Der Umgang mit Grenzen ist in Scheidungsfamilien oft besonders schwierig. Die Angst, die Kinder an den geschiedenen Partner zu verlieren, ist bei Scheidungseltern ein häufiger Begleiter. Deshalb scheuen sich einige, ihren Kindern die nötigen Regeln im Umgang in der jeweiligen Gemeinschaft zu vermitteln, und behandeln sie übervorsichtig. Viele Mütter und Väter haben Sorge, ihre Kinder durch viele Regeln und Grenzen zu »verärgern« und damit zu bewirken, dass sie sich für den anderen Elternteil entscheiden, der vielleicht bequemer ist.

Katja ist seit drei Jahren geschieden. Ihre beiden Söhne Simon und Ralf leben bei ihr. Jedes zweite Wochenende verbringen sie bei ihrem Vater, der ihnen alles erlaubt, was sie zu Hause bei der Mutter nicht dürfen. Sie dürfen unter anderem so lange vor dem Fernsehen und vor dem Computer sitzen, wie sie wollen. Katja klagt:

»Jedes Mal, wenn sie heimkommen, habe ich wieder den Ärger am Hals. Sie werfen mir vor, wie streng ich sei und was sie dagegen bei ihrem Vater alles dürfen. Beim Papa sei alles besser. Manchmal packt mich unheimliche Wut. Am liebsten würde ich sie dann anschreien, sie sollen doch gehen, aber letzten Endes weiß ich genau, dass ich einfach schreckliche Angst habe, dass sie sich tatsächlich irgendwann für ihren Vater entscheiden und mich allein lassen.«

Katjas Ängste sind vermutlich vielen Eltern vertraut. Die Gefahr, dass die Kinder sich für den anderen Partner entscheiden könnten, bildet ein Damoklesschwert, das ständig ihre Erziehung beeinflusst. Etwas übertrieben auf den Punkt gebracht heißt dies: Wenn ich als Mutter oder Vater nicht im Sinne meines Kindes handle, dann verlässt es mich einfach.

Spätestens hier wird deutlich, wie sich die Rollen zum Teil ins Groteske verkehrt haben. Es kann schließlich wirklich nicht angehen, dass Eltern sich vor ihren Kindern beziehungsweise vor deren Handlungen fürchten und entsprechendes Wohlverhalten an den Tag legen. Doch an dieser Stelle kann man die meisten allein erziehenden Elternteile beruhigen: So schnell verliert man seine Kinder nicht, ganz im Gegenteil, meist fühlen sich die Kinder mit der völligen Grenzenlosigkeit bei dem anderen Elternteil nicht wirklich wohl, heißt es doch auch, dass sie nur unzureichend von ihm wahrgenommen werden. Mit Fernseher und Computer kann man auf Dauer doch nicht gemütlich kuscheln. Außerdem müssen wir uns immer wieder vor Augen führen: Grenzen geben Halt, und Kinder haben meist ein gutes Gespür dafür, wo sie diesen Halt wirklich bekommen.

Bei solchen Ängsten ist ein Gespräch mit dem anderen Elternteil dringend anzuraten, sowohl zum eigenen Wohl als auch zum Wohle des Kindes. Meist steckt hinter einem Laisser-faire-Verhalten des Expartners eine Unfähigkeit, sich jedes zweite Wochenende auf die Kinder einzustellen, da sie vielleicht auch ein wenig fremd geworden sind durch den geringen Kontakt, vielleicht ist es auch ein Unvermögen oder auch Unwillen, sich wirklich auf die Kinder einzustellen, da sie die Routine des sonst kinderlosen Lebens stören.

Leider stecken hinter einem alles erlaubenden Erziehungsstil oft auch Rachegedanken gegenüber der ehemaligen Partnerin beziehungsweise dem Expartner. Indem die Kinder sich scheinbar deutlich wohler fühlen, kann man so vermeintlich zum »besseren« und »lieberen« Elternteil werden und damit dem anderen eins auswischen. Die Kinder werden somit zum Spielball der Erwachsenen und werden dazu benutzt, deren alte Gefechte weiter auszufechten. Die Kinder selbst bleiben dabei auf der Strecke. Der Loyalitätskonflikt kann für die Kinder so stark werden, dass sie als einzigen Ausweg den Suizid sehen.

Loyalitätskonflikte

Diese Hintergründe müssen offen zwischen beiden Elternteilen angesprochen und diskutiert werden, damit beiden bewusst ist, was das Ziel des anderen ist und wie sie gemeinsam vorgehen können. In vielen Fällen kann es sinnvoll sein, sich von einer außen stehenden Person beraten zu lassen. Durch die Neutralität eines Dritten kann man sich oft sicherer fühlen, und dadurch fällt es leichter, unangenehme Dinge anzusprechen. Eine beratende Person kann verhindern, dass man in die ewig gleichen Fahrwasser gerät, die sich durch Sätze ausdrücken wie »Aber du hast schon immer ...!«.

Die Entwertung

Wenn wir uns alle diese Veränderungen in der Erziehung ansehen, müssen wir uns ernsthaft fragen, was ist mit uns als Eltern geschehen? Natürlich sind die Kinder und Jugendlichen dieser Generation anders und manchmal auch schwieriger zu erziehen, als dies in früheren Zeiten der Fall war, aber können wir ihnen dies wirklich ankreiden, sind nicht wir Erwachsenen diejenigen, die sich fragen müssen, was hier eigentlich passiert?

Seit Mitte bis Ende des 19. Jahrhunderts hat sich die Position der Hausfrauen sehr verändert. Durch die Industrialisierung wurden große Teile der traditionellen Hausfrauenarbeit überflüssig und unrentabel, da seither vieles maschinell und preisgünstiger gefertigt werden kann. Zuvor waren die Arbeit der Hausfrau und die Berufstätigkeit des Mannes außer Haus gleichermaßen wichtig fürs Überleben der Familie gewesen. Je »unwichtiger« in diesem Sinn das Hausfrauendasein wurde, desto mehr fühlten sich die Frauen damit entwertet und entwerteten sich gleichzeitig selbst. Der Berufsinhalt, Kinder zu erziehen und einen Haushalt zu führen, wurde immer stärker als unattraktiv angesehen, Berufstätigkeit außer Haus erschien mehr und mehr als notwendige Voraussetzung für Ansehen und Selbstwertgefühl.

Eine Patientin, Mutter von drei Kindern im Alter zwischen fünf und fünfzehn Jahren, erzählte:

»Plötzlich wurde mir bewusst, was ich da jeden Tag mache. Es ist alles so ungeheuer selbstverständlich. Da habe ich endlich beschlossen: So kann das nicht weitergehen. Ich sprach gleich darauf beim Mittagessen mit meinen Kindern und sagte ihnen, dass sie ab jetzt mehr mithelfen müssten. Sie schauten mich völlig erstaunt an und der Älteste meinte bloß: Wieso, du bist doch unsere Mutter! Da wurde mir mein Stellenwert klar. Wenn ich offiziell angestellt wäre, würde ich wenigstens ein Gehalt bekommen und ab und an vielleicht ein wenig Dank, weil sie Angst hätten, ich würde kündigen. Aber so – ich bin ja selbstverständlich! Ich bin ja die Mutter und damit für alles zuständig.«

Berufstätigkeit außer Haus hat den unschätzbaren Vorteil, dass man konkret entlohnt wird, dass man durchaus auch Anerkennung ernten kann und dass am Abend und am Wochenende ein Ende erreicht wird, das einem erlaubt abzuschalten – solange man keine Kinder hat.

Auf berufstätige Mütter warten stattdessen am Feierabend und am Wochenende viele Aufgaben, die – noch dazu – nie ganz abgeschlossen sind. Ehepartner haben sich noch nicht auf die veränderte Situation eingestellt, sodass die eigentlich mögliche Arbeitsteilung, die die Situation entschärfen könnte, oft nicht funktioniert. Denn in der Regel haben sich die Männer noch nicht in gleicher Weise verändert wie die Frauen. Im Endeffekt bedeutet dies für die Mütter, dass sie nun einer Dreifachbelastung ausgesetzt sind: Sie sind Mütter, Hausfrauen und außerhalb des Hauses Berufstätige.

Diese letztgenannte Aufgabe scheint den Frauen die attraktivste zu sein. Die Frage »Was machen Sie denn so beruflich?« kann nun endlich mit Journalistin, Technische Zeichnerin, Lehrerin usw. beantwortet werden. Die mittlerweile »peinliche« Antwort »Ich bin nur Mutter« kann man endlich vermeiden. Denn »Mutter-Sein« oder auch »Vater-Sein«, um dies nicht nur den Frauen anzulasten, ist in unserer Gesellschaft nichts wert. Der Beruf »Eltern« ist kein anerkannter und lohnender Beruf. Tatsächlich ist es dabei oft extrem mühsam und frustrierend, Kinder zu erziehen. Es gibt nie einen wirklichen Feierabend, denn Eltern sind rund um die Uhr verantwortlich. Dazu kommt, dass die Sache mit zunehmendem Alter der Kinder nicht unbedingt leichter wird, gemäß dem alten Motto: Kleine Kinder – kleine Sorgen, große Kinder – große Sorgen. Alle, die pubertierende Kinder zu Hause haben, wissen ein Lied davon zu singen.

Es war noch nie einfach, ständig für die Kinder sorgen zu müssen. Aber wir entwerten nun schon seit geraumer Zeit unsere Arbeit, die da heißt Kindererziehung. Dieser »Beruf« ist gesellschaftlich nicht anerkannt. Aber gleichzeitig entwerten wir damit auch das Objekt unserer Arbeit: unsere Kinder! Wenn die Arbeit, die wir als Eltern leisten, für uns und die Gesellschaft nichts wert ist, dann heißt das konsequenterweise auch, dass unsere Kinder nichts wert sind!

Ein scheinbarer Gegensatz dazu ist die Tatsache, dass viele Eltern ihren Kindern (fast) jeden Wunsch erfüllen und ihnen kaum Grenzen setzen. Aber diese materielle Verwöhnung kann keinen Ersatz bieten für echte emotionale Zuwendung, Zeit für die Kinder und Zuhören. Diese Verwöhnung beruht oft auf dem Schuldgefühl, sich eigentlich zu wenig für die Kinder zu engagieren. Außerdem ist es oft bequemer, ihren Wünschen nachzugehen, als sich mit ihnen auseinander zu setzen. Eine Mutter meinte in diesem Kontext:

Materielle Verwöhnung statt emotionale Zuwendung?

»Wenn ich abends nach Hause komme, habe ich zum einen keine Kraft mehr, meinem Sohn Grenzen zu setzen, zum anderen habe ich auch Schuldgefühle, weil ich ja nun den ganzen Tag weg war. Ich habe dann immer das Gefühl, jetzt muss ich die liebe Mama sein, die alles erlaubt.«

Wenn wir die Reaktionen der Kinder und Jugendlichen

unter diesem Aspekt betrachten, können wir sehen, dass sie uns diese Entwertung durchaus deutlich zeigen.

Als ich eine längere Zugfahrt dazu nutzte, an diesem Buch weiterzuarbeiten, kam ein junger Mann in mein Abteil, der vielen Menschen sicher größeres Unbehagen bereitet hätte. Er war sehr groß und hatte sich alle Mühe gegeben, Furcht erregend auszusehen, indem er sich mit allerlei Sicherheitsnadeln, Hundebändern etc. reichlich verziert hatte. Just dieser Zug wurde gestoppt, weil sich eine Frau von einer Brücke auf das Bahngleis gestürzt hatte. Wir kamen ins Gespräch, ich erzählte von meinem Buch und von meinem Bedauern, dass viele Jugendliche nicht wüssten, was sie wert seien. Er hakte sofort ein. Ja, das sei bei ihm genauso. Er habe einmal gelesen, dass der Materialwert eines Menschen bei DM 16,48 liege, und genauso fühle er sich. Vor meinen Augen wurde aus dem großen, Angst auslösenden Mann ein trauriger Junge voller Angst.

Dieses Beispiel verdeutlicht den Zustand vieler Kinder und Jugendlicher, die ihr Gefühl dafür, was sie ihren Eltern wert sind, vielleicht nie entwickeln konnten oder es im Laufe der Jahre verloren haben. In den Therapiestunden frage ich die Kinder oft, ob sie wissen, warum ihre Mama oder ihr Papa sie mag und was diese an ihnen mögen. Bislang ist mir noch kein Kind begegnet, das diese Frage beantworten konnte. Ich gebe ihnen regelmäßig die Aufgabe mit, sich zu Hause bei ihren Eltern, Großeltern oder auch bei ihren Freunden zu erkundigen, was an ihnen liebenswert ist.

Die Suizidtheorien weisen immer wieder auf die Bedeutung des Gefühls für den eigenen Wert hin und auf die schrecklichen Auswirkungen, wenn Kinder dies nicht entwickeln können. Die Grundlage für dieses Gefühl können Kinder nur von den Eltern erhalten. Sie sind die ersten und wichtigsten Bezugspersonen im Leben eines Kindes. Sie sind die Menschen, von denen vor allem kleine Kinder vollkommen abhängig sind, so auch in ihrem Gefühl dafür, welche Bedeutung sie haben.

Ich spreche in diesem Zusammenhang bewusst von Eltern, also sowohl von Müttern wie Vätern, denn hier müssen die Väter mehr in die Pflicht genommen werden. Die Lösung des Problems kann nicht darin liegen, dass Frauen wieder zurück an den Herd sollen. Damit ist niemandem gedient. Für die meisten Frauen ist die Berufstätigkeit außer Haus ein Teil ihres Lebens geworden, den sie nicht mehr missen wollen oder auch nicht können. Und unglückliche Mütter tragen nicht zu glücklichen Kindern bei. Die Lösung kann nur darin liegen, die Erziehung der Kinder als einen eigenständigen Wert anzusehen und die Väter genauso an der Erziehung teilnehmen zu lassen.

Beiden Geschlechtern fällt das vielleicht zunehmend leichter, wenn es ihnen immer bewusster wird, welchen wichtigen Beitrag sie leisten, welchen Wert sie schaffen, indem sie die Erziehung ihrer Kinder wieder neu bewerten. Die Aufgabe ist sicherlich nicht immer einfach, nicht immer belohnend, aber wir sollten vielleicht auch realistisch sehen, dass es kaum eine Arbeitsstelle gibt, die ständig Entfaltung und Anerkennung bietet. Jeder Beruf wird zumindest in Teilbereichen irgendwann zur Routine. Jede Arbeitsstelle hat ihre Haken und ihre unangenehmen Seiten, so auch der »Beruf« Mutter oder Vater.

Erziehung neu bewerten

Wichtig ist es, die Aufgabe des Erziehens in einem neuen Licht zu sehen. Wir müssen uns klarmachen, dass wir ein Menschenleben damit prägen. Die Art, wie wir uns um unsere Kinder kümmern, ihnen Zeit schenken und sie in ihrer Persönlichkeit wahrnehmen und fördern, bestimmt in einem hohen Maße, wie sie auf ihr weiteres Leben vorbereitet werden. Wir haben die einmalige Chance, ihnen einen soliden Grundstock für ihr Leben zu geben. Durch die Art, wie wir uns um unsere Kinder kümmern, prägen wir sogar ihr Verhalten, wie sie wiederum mit ihren Kindern umgehen und diese erziehen.

Den Kindern ihren Wert zu vermitteln soll nicht bedeuten, nun ständig von früh bis spät nicht mehr von ihrer Seite zu weichen. Damit würde sicherlich niemand glücklich werden. Es geht um die Haltung, mit der wir Kindern entgegentreten. Natürlich sind alle Eltern auch froh, wenn die Kinder mal vorm Fernseher sitzen und Ruhe geben. Wenn wir allerdings nur noch auf den Fernseher hoffen, wenn wir elektronische Geschichtenerzähler kaufen, die auf Zuruf eine weitere Geschichte erzählen usw., dann müssen wir uns ernsthaft fragen, was falsch gelaufen ist. Wir müssen uns fragen, welchen Wert die Kinder noch für uns und in unserem Leben haben.

Eine Möglichkeit, die Arbeit des Erziehens als attraktiver wahrzunehmen, ist, sich bewusster mit den Entwicklungsschritten der Kinder auseinander zu setzen. Am leichtesten ist dies natürlich bei Babys möglich, bei denen wir Tag für Tag neue Fortschritte sehen können. Sie lächeln zum ersten Mal, sie lernen krabbeln, sitzen, stehen. Das Leben ist voller neuer Entdeckungen, die nicht nur die Kinder, sondern mit ihnen die Eltern mit großer Freude machen können. Doch dann scheint der Prozess langsamer und manchmal weniger aufregend zu werden. Eltern gewöhnen sich an ihr Dasein in dieser Position. Die nächsten Kinder kommen und das »alte« Kind erscheint lange nicht mehr so interessant. Wenn wir uns ein wenig mehr die weitere Entwicklung der Kinder vor Augen führen und auch diesen Teil bewusster wahrnehmen, können auch die weiteren, wesentlich langsamer verlaufenden Entwicklungsschritte spannender werden.

Wenn die Kinder allmählich älter werden, können wir auch unseren eigenen Hobbys wieder mehr nachgehen. So haben nicht nur wir unseren Spaß dabei, sondern wir geben gleichzeitig unseren Kindern Anregungen, selbst Interesse für Hobbys zu entwickeln. Da Kinder und Jugendliche heutzutage sehr häufig unter Langeweile leiden und wenig mit sich anzufangen wissen, hat dies sehr wichtigen Vorbildcharakter.

Natürlich bin ich mir darüber im Klaren, dass die Erziehung von Kindern immer auch sehr frustrierende Elemente hat, Zeiten, in denen man am liebsten einfach weglaufen und sagen möchte: »Es geht mich nichts an, ich will es nicht wissen.« Vor allem die pubertäre Phase der Kinder ist manchmal nur mit sehr viel elterlicher Liebe zu überstehen. Eine Freundin meinte etwas drastisch, sie würde ihre Kinder am liebsten mit 12 Jahren in die Tiefkühltruhe legen und mit 20 wieder rausholen. Viele Eltern werden diesen Gedanken nachvollziehen können. Und trotzdem kann man immer wieder »alte« Eltern hören, die sich fragen, wo eigentlich die Zeit geblieben ist: Plötzlich ist es vorbei, die Kinder sind aus dem Haus, und man versteht nicht, wie diese Jahre so schnell vergehen konnten.

So wird es manchen Eltern erst sehr spät bewusst, dass sie kaum mitbekommen haben, wie ihre Kinder sich allmählich verändert haben. Dies soll kein Plädoyer dafür sein, beispielsweise den Beruf aufzugeben, aber auf alle Fälle eine Anregung dazu, flexiblere Arbeitszeiten zu ermöglichen, die dann beiden Elternteilen erlauben, einerseits außer Haus berufstätig zu sein, aber auch die Kindererziehung zu intensivieren.

Wenn wir nicht nur sehen, wie sehr unsere Kinder uns belasten, beanspruchen und einschränken, sondern erkennen, dass wir durch unsere Kinder auch sehr viel lernen, dass sie auch viel Positives vermitteln, dass wir Erfahrungen machen, die uns ohne sie verwehrt gewesen wären, bekommen sie für uns einen noch viel höheren Stellenwert. Auf dieser Grundlage können wir ihnen dann auch vermitteln, wie viel sie uns wert sind. Und dieser Ansatz ist die beste präventive Maßnahme.

Von Kindern lernen

Zusammenfassung:
Prävention im Elternhaus

- Die Persönlichkeit des Kindes respektieren
- Verbal und nonverbal Grenzen setzen
- Drohungen nur aussprechen, wenn wir auch tatsächlich entsprechende Sanktionen folgen lassen
- Mit dem geschiedenen Partner in Kontakt bleiben
- Bei Schwierigkeiten sich Beratung durch eine unparteiische Person holen
- Versuchen, Vorbild zu sein
- Unsere Leistung als Mutter oder Vater schätzen lernen
- Die Entwicklung des Kindes bewusst verfolgen
- Den Wert des Erziehens erkennen
- Den Kindern das Gefühl für ihren Wert vermitteln
- Zu Hobbys anregen

Gesellschaftliche Einflüsse

Man würde es sich zu einfach machen, Erziehungsschwierigkeiten einzig und allein auf die Familie zurückzuführen. Auch wenn die Verunsicherung darüber, wie man erziehen soll (und darf), und der mangelnde Umgang mit Grenzen wichtige Probleme in der Erziehung geworden sind, so hat doch auch die außerfamiliäre Umwelt sehr großen Einfluss auf die Entwicklung der Kinder. Unter diesen Einwirkungen, die zu Schwierigkeiten in der Erziehung führen können, erscheinen uns neben dem allgemeinen Gefühl von Leistungsdruck und Chancenlosigkeit besonders wichtig: die Einflüsse der Medien und der Gruppendruck unter Kindern und Jugendlichen, sich durch Kleidung und anderen Besitz darzustellen.

Die Medien

Eltern, die glauben, dass sie die Erziehung ihrer Kinder vollkommen im Griff hätten, können sich nur irren. Dazu müsste man heutzutage völlig abgeschieden und ohne Kontakt zur Außenwelt irgendwo auf einer kleiner Insel leben, zumal die Auswirkungen der Medien, mit denen die Kinder tagtäglich konfrontiert sind, nicht mehr zu überschauen sind. Was in früheren Zeiten dem Fernsehen allein angelastet wurde, haben Computer, Gameboys und Internet längst ergänzt. Noch nie waren die Medien in der Kinderwelt so präsent wie heute. Es gab nie zuvor so viele Kindersendungen generell und auch noch nie über so viele Stunden pro Tag. Aber auch inhaltlich hat sich einiges geändert. Es werden viele Filme tagsüber gezeigt, völlig ungehindert für Kinder zu sehen, die vor 20 Jahren noch im Spätabendprogramm ausgestrahlt worden wären mit dem Hinweis darauf, dass sie für Kinder nicht geeignet seien.

In die Welt der Kinder sind vor allem Darstellungen von brutaler Gewalt eingezogen, gegen die sich Kinder kaum abschirmen können. Es gab viele Untersuchungen, die belegen sollten, dass die Gewalt in den Medien keine Auswirkungen auf die Kinder hätte. Die Ereignisse der letzten Jahre haben uns eines Besseren belehrt. Noch nie waren so viele Kinder und Jugendliche in immer brutalere Gewalttaten verwickelt. Neben gewaltverherrlichenden Filmen, die tagsüber ungehindert im Fernsehen zu sehen sind, haben vor allem Computerspiele großen Einfluss. Die Spiele werden immer realistischer, und es ist für viele Kinder völlig normal geworden, andere Menschen am Bildschirm abzuschießen. Der Anblick von abgehackten Körperteilen und spritzendem Blut wird zur Selbstverständlichkeit, und der Unterschied zwischen »Spiel« und Realität verschwimmt immer mehr. Das Ausmaß dieser Unklarheit zeigt eine schwedische Untersuchung, nach der 40 Prozent aller befragten Kinder im Alter von sechs bis zehn Jahren glaubten, dass wir Menschen allein durch Mord, Totschlag oder Unfall sterben.

Gewalt

Wir dürfen unsere Kinder nicht überschätzen. Die Tatsache, dass sie sich Horrorfilme ansehen und »cool« darüber reden, heißt noch lange nicht, dass sie diese Anblicke unbeschadet verarbeiten. Ganz im Gegenteil. Die zunehmende Gewalt unter Kindern ist einerseits Ausdruck ihrer Angst, sie ist ein Zeichen dafür, dass sie das Gefühl haben, sich wehren zu müssen, andererseits aber auch ein Ausdruck ihrer angestauten Aggressionen. Wir haben als Eltern die Pflicht, so gut wie möglich die Auswahl der Filme, die die Kinder und Jugendlichen sehen, zu beeinflussen, und wir müssen mit ihnen darüber sprechen. Sie dürfen mit diesen Gewalterlebnissen nicht allein bleiben. Dazu müssen wir ihnen Hilfestellung geben und diese Themen ansprechen.

Neben der Gewalt spielt in den Fernsehprogrammen die Sexualität eine zentrale Rolle – und zwar leider meist nicht in einer Weise, die zu einem liebe- und lustvollen Umgang mit ihr anregen würde. Sexualität erscheint im Fernsehen meist exhibitionistisch, brutal, banal oder prestigeorientiert. Kinder und Jugendliche sind auch mit diesem Thema völlig überfordert.

Sexualität

Die Entdeckung der Sexualität hatte seit jeher ihren Reiz. Sie hatte schon immer ihre magische Anziehungskraft auf Kinder und Jugendliche. Das kindliche Ausprobieren in Form von Doktorspielen und stundenlangem Suchen nach irgendwelchen verbotenen Fotos in häuslichen Medizinbüchern konnte jedoch von den Kindern selbst gesteuert werden. Junge Menschen sind nun jedoch mit einer ungeheuren Fülle von Bildern konfrontiert, ob sie es wollen oder nicht. Sie begegnen diesen Darstellungen mit einer Mischung aus Neugier und Lust, aber auch Peinlichkeit, Schock und Scham. Es handelt sich um Bilder, die Erwachsene attraktiv finden mögen, aber aus dem Blickwinkel eines Kindes nicht verständlich und häufig mit Angst und Ekel besetzt sind.

Durch die öffentliche Zurschaustellung von Sexualität scheinen auch viele Eltern die Maßstäbe verloren zu haben, was für Kinder zumutbar ist und was sie eindeutig überfordert. Für viele Kinder sind pornographische Zeitschriften, die zudem häufig auf Kinderaugenhöhe platziert sind, Filme und Pornos, unter anderem auch im Internet, frei zugänglich. Je nachdem, wie alt sie sind und wie massiv sie durch diese Bilder überfordert sind, können Kinder dadurch eine lang anhaltende Traumatisierung erleiden, vor allem wenn sie damit allein gelassen werden und mit niemandem über das Erlebte adäquat reden können.

Aus der Praxis wissen wir, wie sehr Kinder unter diesen Eindrücken leiden. Sie sind zum Teil so stark schockiert, dass sie auch im Erwachsenenleben Schwierigkeiten haben, einen normalen und lustvollen Zugang zur Sexualität zu bekommen, wie viele meiner erwachsenen Patienten rückblickend bestätigen. In der therapeutischen Situation haben wir oft bereits von Achtjährigen gehört, wer jetzt mit wem »fickt«, einschließlich der genauen Beschreibung von einzelnen Stellungen und Sexualpraktiken. Der Wortschatz ist eindeutig nicht kindgemäß, und die Art, wie die Kinder darüber sprechen, zeigt deutlich, dass sie von dem, was sie bereits alles gesehen haben, völlig überfordert sind.

Wenn diese »Normalität« der sexuellen Darstellung auf Kinder trifft, die sexuell missbraucht wurden oder werden, potenziert sich ihre innere Verwirrung. Was sie selbst als ekelhaft und mit Schuldgefühlen besetzt erleiden, scheint doch nicht so schlimm zu sein, wie sie es selbst empfinden. Sie verlieren ihre gesunden inneren Maßstäbe und wagen umso weniger, sich Hilfe suchend an eine Vertrauensperson zu wenden. Die daraus resultierende Einsamkeit, der Gedanke, mit mir stimmt etwas nicht, und die Scham können die Kinder so weit in Verzweiflung treiben, dass sie den Tod als einzigen Ausweg sehen, dieser für sie so schrecklichen Situation zu entgehen.

Ob die stärkere Sexualisierung unserer Gesellschaft zu häufigerem sexuellen Missbrauch führt, ist bislang noch nicht erforscht. Sie führt jedoch sicherlich zu mehr Verwirrung bei den Kindern und Jugendlichen, die die Maßstäbe für Normalität verloren haben und sich teilweise auch dadurch unter Leistungsdruck gesetzt fühlen.

Eine Jugendliche erzählte, dass ihr Freund täglich zehnmal mit ihr schlafen will, das ist für ihn Minimum. Sie hat aber dazu überhaupt keine Lust. Aber wenn sie nicht mitmacht, droht er damit, sie zu verlassen und sich eine andere zu suchen. In ihrer Verzweiflung lässt sie es täglich geschehen, ohne selbst Lust dabei zu empfinden. »Ich habe Angst, nein zu sagen, denn ohne ihn könnte ich nicht mehr leben. Dann würde ich mich lieber umbringen.«

Aufgrund dieser negativen Auswirkungen kann man die Medien nicht grundsätzlich verdammen. Wenn Kinder heute vielleicht zu vielen medienbedingten Einflüssen ausgesetzt sind, so gibt es unter diesen Einflüssen natürlich auch eine Vielzahl von anregenden Einwirkungen, die wir nicht übersehen sollten. Die Zeit ist nicht zurückzudrehen, wir müssen mit der Realität gehen, und die zeigt uns die Richtung deutlich auf. Dies heißt aber nicht, dass wir resignieren und die Kinder allem überlassen sollen. Wir können die Einflüsse der Medien auf unsere Kinder zwar nicht vollkommen steuern, aber wir können klare Auswahlkriterien für den Umgang mit Medien setzen. Wir können den Kindern klarmachen, was wir akzeptieren und an welcher Stelle wir ein Verbot setzen. Die Verbote geben den Kindern auch in dem Sinne Halt, dass sie unseren Standpunkt kennen und dass dieser ihnen eine Orientierung in der Welt bietet.

Die gesellschaftliche Stellung von Kindern

Mit der individuell wesentlich stärkeren Bedeutung des Kindes für Eltern entstand gleichzeitig ein neuer gesellschaftlicher Kult um die Kinder. Sie traten in den Blickwinkel der Öffentlichkeit wie nie zuvor und haben einen ungeheuer wichtigen Status in unserer Gesellschaft erhalten. Sie sind die Hauptansprechpartner für die Werbung, sie werden von deutschen Songschreibern mit Titeln wie »Kinder an die Macht« verherrlicht, und es gibt Modelle von Kinderparlamenten usw. Selbst die Kosmetikindustrie bis hin zu den Parfumherstellern haben die Kinder als wichtige Konsumenten entdeckt. Aber vor allem für die Kleidungsbranche sind Kinder und Jugendliche ein wichtiger finanzieller Faktor.

Damit lastet auch auf der gesellschaftlichen Ebene sehr viel Gewicht auf den Kindern. Sie können diesen Ansprüchen und diesem Druck, der durch die erhöhte Aufmerksamkeit auf sie ausgelöst wurde, nur sehr schwer standhalten. Beispielsweise sind sie gerade durch die Bekleidungsindustrie in einen gewaltigen Strudel geraten. Die internationale Messe *Kind + Jugend* begann das Jahr 2000 mit den neuesten Trendfarben für die Kleinen. Selbst für Säuglinge und Kleinkinder wird die aktuelle Mode diktiert. Daher ist es kein Wunder, dass es zu einem »Muss« geworden ist, bestimmte Labels zu tragen. Ihr »Outfit« ist ja sofort von anderen zu sehen, und damit werden sie augenblicklich von ihrer Umwelt eingestuft, ob sie das wollen oder nicht. Es gibt kein Entrinnen.

Das Diktat der Bekleidungsindustrie

Simone, allein erziehende Mutter eines zwölfjährigen Sohnes, kann die Ansprüche ihres Sprösslings kaum befriedigen:

»Ich weiß oft nicht, wie ich das überhaupt noch bewältigen soll. Mit meiner halben Stelle verdiene ich nur so viel, dass ich uns beide gerade mal eben über die Runden bringe. Wenn ich dann mit meinem Sohn einkaufen gehe, wird das jedes Mal ein Drama. Natürlich steuert er sofort auf die Markenklamotten los. Aber ich kann es mir einfach nicht leisten, ihm Jeans für über 200 Mark zu kaufen, die noch dazu ein halbes Jahr später schon wieder zu klein sind. Wenn sie überhaupt so lange halten. So wird jeder Einkauf zum Kampf zwischen uns. Aber wenn ich dann sehe, dass er in Tränen aufgelöst ist, weil ich ihm eine bestimmte Marke nicht kaufe, dann bin ich auch jedes Mal fertig. Ich habe dann das Gefühl, ich tue ihm etwas ganz Entsetzliches an.«

An dieser Stelle wird deutlich, dass die alte Tradition der Schuluniform durchaus ihre Vorteile hatte. Zumindest während der Schulzeit gab es keinen Unterschied zwischen Arm und Reich, zwischen modern und altmodisch. Der tägliche Druck, tatsächlich die richtigen Kleidungsstücke zu tragen, die von den anderen anerkannt werden, entfällt automatisch.

Noch nie haben sich Kinder so stark dadurch definiert, wie sie sich kleiden und was sie besitzen. Eine Freundin erzählte vor kurzem, dass sie größten Ärger mit ihrer siebenjährigen Tochter habe, da diese »immer noch« kein Handy besitze.

Kurz nachdem Sebastian seinen zwölften Geburtstag feierte, schrieb er in seiner Verzweiflung einen Abschiedsbrief. Seine Eltern hatten sich vor vier Jahren getrennt und seitdem hatte er seinen Vater nicht mehr gesehen und nichts mehr von ihm gehört. Seine Mutter tat ihr Bestes, um die beiden über Wasser zu halten, aber besondere Wünsche konnte sie nur selten erfüllen. Sebastian wurde ständig von seinen Freunden gehänselt, weil er immer noch keinen Computer hatte. Er nahm es scheinbar mit Gelassenheit und behauptete, sein Vater hätte schon einen für seinen zwölften Geburtstag gekauft. Es sei nur noch eine Frage der Zeit. Allerdings hatte er auch nach diesem Geburtstag keinen Computer, und damit wurde seinen Freunden klar, dass er nicht nur das erhoffte Geschenk nicht bekommen hatte, sondern auch der Vater nicht erschienen war. Sebastian konnte diese Scham und diese Kränkung nicht länger ertragen und sah als einzigen Ausweg nur, sich das Leben zu nehmen.

Dieses Beispiel erscheint vielleicht als extrem, jedoch macht es gleichzeitig deutlich, dass der Suizidversuch eines

Kindes nicht nur auf den aktuellen Auslöser, hier den fehlenden Computer, zurückzuführen ist. Die permanente Entwertung durch seinen abwesenden Vater war das Motiv. Durch diese lang anhaltende kränkende Situation fehlte Sebastian der Halt, sich besser und stärker gegen seine Freunde zu wehren. Er war so angreifbar und verletzlich, dass er als einzigen Ausweg nur noch den Suizid sah.

Der tägliche Druck, der auf den Kindern und Jugendlichen lastet, ist nicht zu unterschätzen. Der Spott und die Prahlerei ihrer Altersgenossen vergiften den Alltag oft in einem hohen Maße. Es ist – neben der Schule und anderen pädagogischen Einrichtungen – auch und vor allem Aufgabe der Eltern, ausführliche Gespräche mit ihren Kindern über diesen Konsumterror zu führen. Man kann von einem Kind sicherlich nicht erwarten, dass es durch ein längeres Gespräch gleich einsichtig und stark genug wird, um anderen Kindern zu trotzen. Die Angst davor, vor anderen lächerlich dazustehen und ausgelacht zu werden, weil man eben keinen Internetanschluss zu Hause hat, vielleicht nicht einmal einen Computer, ist für die Kinder viel zu groß. Hier können wir nichts beschönigen. Wir können den Zugzwang, zu konsumieren und zu haben, unter dem unsere Kinder leiden, nicht einfach wegreden. Wir sollten ihn aber auch nicht fördern.

Kinder sind einem Konsum- und Geschenkterror ausgesetzt

Es reicht nicht aus, einem Kind nur zu sagen, dass man sich das alles nicht leisten kann oder dass dieser Materialismus für seine Entwicklung nicht gut ist.

Die sechsjährige Monika blättert zur Weihnachtszeit mit verzücktem Strahlen die Reklameseiten mit Abbildungen von wunderbaren Barbiepuppen durch und zeigt schließlich freudestrahlend ihrer Mutter das Ergebnis ihrer Wahl. Diese Puppe wünsche sie sich zu Weihnachten. Die Mutter schenkt der

Abbildung einen kurzen Blick, schüttelt streng den Kopf und erklärt: »Aber Monika, dies ist doch kein pädagogisch wertvolles Spielzeug!« Die Kinderaugen zeigen deutlich, dass die pädagogische Bedeutung einer Barbiepuppe für Monika völlig unwichtig ist.

Eine Freundin war vor kurzem von ihrer Schwester zu Weihnachten eingeladen. S. erzählte:

»Ich habe noch nie ein Wohnzimmer gesehen, in dem so viele Geschenke lagen wie bei meiner Schwester. Dabei ging es nur um zwei Kinder. Da waren Geschenke von den Eltern und von beiden Großeltern, von Paten und Onkel und Tanten. Die Kinder machten sich schnell daran, ihre Geschenke auszupacken, sie kurz anzusehen, wegzulegen und das nächste Paket zu öffnen. Pro Geschenk vielleicht zwei Minuten. Man konnte die Kinder fast gar nicht mehr sehen vor lauter Geschenkpapier. Die fünfjährige Schwester brauchte etwas länger als ihr kleiner Bruder, woraufhin er furchtbar anfing zu weinen, weil er jetzt nichts mehr auszupacken hätte. Die beiden haben den Wert der Dinge, die sie da bekommen haben, überhaupt nicht schätzen können. Es ging nur ums Haben, aber Freude war nicht zu sehen. Sie haben sich vor lauter Auswahl mit nichts beschäftigen können und das einzelne Geschenk überhaupt nicht wahrgenommen.«

Der Konsum- und Geschenkterror nimmt immer mehr überhand. Viele kritisieren dies, aber letzten Endes verändert sich nicht viel, denn viele haben das Gefühl, dass sie nur so ihren Kindern begegnen können. Es ist wichtig zu sehen, dass dieser Zwang zum »Haben« vor allem Ausdruck des mangelnden »Seins« ist. Aber wenn die Kinder und Jugendlichen den Ausgleich dafür durch verstehende und an ihnen wirklich interessierte Eltern spüren, Eltern, die zuhören und sich einfühlen können, wird manches im Lauf der Zeit leichter. Je mehr das Gefühl dafür, was sie wert sind, steigt, desto eher können die Kinder auf einige Konsumartikel verzichten.

Doch dieses Problem können die einzelnen Eltern sicherlich nicht allein lösen ohne kollektives Vorgehen. Deshalb sind hier alle pädagogischen Einrichtungen aufgerufen, verstärkt am Selbstwert der Kinder zu arbeiten und ihnen ihre Fähigkeiten und Ressourcen deutlich vor Augen zu führen. Dazu müssen wir ihnen mit Aufmerksamkeit begegnen, um ihre innere Einsamkeit zu durchbrechen, und sie gleichzeitig dazu ermutigen, Aufgaben zu übernehmen, um ihnen Verantwortung für sich selbst zu vermitteln.

Zusammenfassung:
Mit der Medien- und Konsumwelt richtig umgehen

- Die Medienwelt der Kinder überprüfen
- Auswahlkriterien für Filme schaffen
- Mit Kindern über Gewalt sprechen
- Sexuelle Erfahrungen nicht tabuisieren
- Eventuell Schuluniform vorschlagen
- Geschenke begrenzen (darüber auch mit den Großeltern sprechen)
- Mehr Natur erleben
- Aufgaben übergeben

Prävention in der Schule

Der gesellschaftliche Aspekt kann nicht betrachtet werden, ohne die Schule als ganz wichtigen eigenen Faktor hervorzuheben. Vor allem zu Schuljahresende nimmt die Suizidalität bei Kindern und Jugendlichen zu. Natürlich lassen sich nicht alle Suizidversuche junger Menschen auf Schwierigkeiten und Ängste in der Schule zurückführen. Andererseits darf nicht übersehen werden, dass Schulängste in vielen Fällen ein Auslöser für Suizidversuche sein können und häufig in den Abschiedsbriefen genannt werden.

Vordergründig scheint die Verzweiflungstat dadurch ausgelöst worden zu sein, dass der Lehrer zu streng war, schlechte Noten gegeben wurden usw. Aber nur aus diesem Grund würde sich vermutlich kein Kind oder Jugendlicher umbringen, wenn nicht bereits eine andere Störung vorliegen würde.

Die Leistungsanforderungen an die Schüler

Die Leistungsanforderungen an die Schüler können zu verschiedenen Problemen führen: Wenn die Schüler das Gefühl haben, von den Lehrern zu streng behandelt, ungerecht kritisiert zu werden oder zu schlechte Zeugnisnoten zu bekommen, sollten die Eltern mit den Lehrern ein Gespräch darüber führen. Dabei ist Voreingenommenheit gegen die eine oder die andere Seite ungünstig. Wenn wir die Klagen der Kinder nicht ernst nehmen, weil die Erwachsenen im Zweifelsfall sicher Recht haben, lassen wir die Kinder in ihrer Not im Stich. Wenn wir voreilig mit dem Kind auf die bösen Lehrer schimpfen, bringt dies dem Kind zwar zunächst emotionale Entlastung, führt aber zu einer unrealistischen Einstellung, die dann später weitere Schwierigkeiten auslösen kann.

Wenn Schüler durch die Erwartungen der Eltern überfordert sind, was den angestrebten Schulabschluss oder die Zeugnisnoten betrifft, entwickeln sie häufig Angst und Schuldgefühle. Hier ist eine sorgfältige Klärung nötig, wenn möglich gemeinsam mit den Lehrern, eventuell auch mit Hilfe eines Psychologen. Es sollte geklärt werden, ob die Erwartungen revidiert werden müssen, weil sie nicht den Begabungen der Schülerin oder des Schülers entsprechen oder nie gerecht werden können, oder ob eine Krise dahinter steckt, die eine Aussprache oder vielleicht sogar eine Therapie nötig macht.

Formen der Überforderung

Auch begabte Schüler können sich chronisch überfordert fühlen, weil sie sich mit ihren erfolgreichen Eltern vergleichen und es sich nicht zutrauen, wenigstens den Standard der Eltern zu halten, geschweige denn erfolgreicher zu werden als diese. Viele Schüler werden dadurch von vornherein demotiviert und empfinden sich als Versager.

Die allgemeinen Anforderungen der Schule können manche Schüler ebenfalls überfordern: Sie sollen pünktlich anwesend sein, sich nach bestimmten Regeln richten, still sitzen usw. Diese eigentlich normalen Regeln des sozialen Zusammenlebens sind für viele Kinder ganz schwer einzuhalten. Dies kann daran liegen, dass sie es von ihrer Erziehung her nicht gewöhnt sind, Regeln einzuhalten, dass sie das Bedürfnis haben, ihre Grenzen auszutesten, oder dass sie an psychischen Problemen leiden.

Der Umgang mit diesen Schülern stellt für die Lehrer ein besonderes Problem dar. Nicht nur die Schüler, auch sie selbst stehen unter Druck. Sie müssen ihren Lehrplan erfüllen und die Ordnung im Unterricht aufrechterhalten. Dabei übersehen sie manchmal die Probleme, Ängste und Nöte des einzelnen Schülers.

Suche nach Zuwendung

Kinder und Jugendliche, die selbstsicher und aktiv mitarbeiten, erhalten automatisch mehr Anerkennung und Zuwendung. Ihr Selbstwert wird anerkannt und gestärkt. Was passiert aber mit Schülern, die sich laut und aggressiv verhalten?

Kinder und Jugendliche, die sich nicht in den Schulalltag eingliedern wollen, sind auffällig, stören den Unterricht und sind damit in der Regel bei Lehrern weniger beliebt. Vor allem Kinder, die in der eigenen Familie wenig Zuwendung erfahren, lernen, durch Störungen Aufmerksamkeit auf sich ziehen zu können. Und tatsächlich erreichen diese Schüler die höchste Zuwendungsquote der ganzen Klasse. Sie stehen im Mittelpunkt und werden – verhaltenstherapeutisch gesehen – durch die »Anerkennung« des Lehrers permanent belohnt.

Laute und aggressive Schüler

Sie können als schwarze Schafe oder Klassenclowns ihre Aggressionen ausleben, ihre Minderwertigkeitsprobleme kompensieren und sind damit manchmal weniger gefährdet bezüglich suizidalen Verhaltens. Dennoch ist Vorsicht geboten, denn das Blatt kann sich plötzlich wenden, und die Aggressionen werden zu Autoaggressionen.

Da die Lehrer die meiste Energie für die lauten und auffälligen Schüler aufwenden, übersehen sie dabei oft diejenigen, die sich ruhig und damit scheinbar unauffällig verhalten, die sich zurückziehen und allein und einsam im Pausenhof stehen. Aber gerade diese jungen Menschen brauchen dringend Aufmerksamkeit. Ihr Einzelgängertum bedeutet im Allgemeinen, dass sie Probleme haben. Die jüngsten Vorfälle von Amok laufenden Jugendlichen, die zuvor als ruhig und eigenbrötlerisch gegolten hatten, belegen diese These.

Die gefährdeten »Stillen«

Es ist wichtig, sie auf eine Art und Weise auf ihre Probleme anzusprechen, die sie nicht kränkt, also nicht nach dem Muster »Was ist mit dir los? Du tust nie etwas und sagst nie etwas«, sondern eher so: »Ich sehe dich oft alleine auf dem Pausenhof. Fühlst du dich nicht wohl unter deinen Schulkameraden?«, oder: »Du meldest dich im Unterricht selten zu Wort, obwohl du doch gute Kenntnisse hast.« Wenn der Schüler dann das Gesprächsangebot annimmt, ist es oft sinnvoll, langfristig ein Vertrauensverhältnis aufzubauen, entweder über regelmäßige Gespräche oder über Gespräche bei Bedarf. Oft ist es auch sinnvoll, den Vertrauenslehrer, den Schulsozialarbeiter oder -psychologen einzuschalten beziehungsweise eine Therapie vorzuschlagen.

Auch Lehrer sind nur Menschen und haben ihre guten und ihre schlechten Tage. Zudem stehen sie nicht nur durch den Lehrplan, sondern immer mehr auch durch die Vorgaben und Ansprüche der Eltern unter Druck. Je stärker aber an der Leistungsschraube vonseiten der Eltern wie auch der Schule gedreht wird, desto höher steigt das Suizidrisiko der Schüler aus Angst vor Versagen. Sobald sie spüren, dass sie den Ansprüchen der Eltern und damit häufig auch ihren eigenen nicht mehr genügen können, wächst die Enttäuschung über sich selbst, und der Selbstwert sinkt. Die scheinbare Ausweglosigkeit aus diesem Dilemma, die depressive Stimmung und die Wertlosigkeit (»Ich kann ja nicht einmal gute Noten nach Hause bringen«) können schließlich zur Selbsttötung führen.

Aggression und Prestigedenken

Streitlust und Aggressivität an Schulen zeigen eine alarmierend steigende Tendenz. Die Zahl der Gewaltdelikte an Schulen hat während der letzten vier Jahre um 25 Prozent zugenommen. Kleinere Kinder werden erpresst, ihre Pausenbrote oder ihr Taschengeld abzugeben. Die Gewalt richtet sich gegen andere Mitschüler, sie zeigt sich aber auch im Umgang mit den Schulgegenständen: Die Wände werden verschmiert, Waschbecken herausgerissen oder die Toiletten mit Klobürsten verstopft. Immer häufiger gehen junge Menschen bewaffnet in den Unterricht. Die Metalldetektoren, wie man sie an amerikanischen Schulen findet, um die Schüler auf Waffen zu untersuchen, werden vielleicht auch bei uns bald an manchen Schulen notwendig werden.

Gewalt an Schulen

Mit der zunehmenden Gewaltbereitschaft in den Schulen kommen auch die Lehrer unter einen immer größeren Druck: Schulstress auf der einen Seite, Gewaltbereitschaft auf der anderen. Die Gewalt richtet sich zunehmend auch auf die Lehrer selbst, wie einige Verletzungs- und Tötungsdelikte der letzten Jahre deutlich machen. Manche Lehrer werden krank aus Angst vor ihren Schülern.

Vor allem Jugendlichen wird häufig vorgehalten: »Zu unserer Zeit, da gab es so etwas nicht! Wir wussten noch, warum wir lernen!« Genau daran krankt unsere Gesellschaft tatsächlich: Nicht die Jugendlichen selbst oder der Werteverfall bei den Jugendlichen sind die Ursache der erhöhten Aggressivität, sondern der Gesellschaftsverfall insgesamt, das heißt hier die fehlenden Wertvorstellungen unserer Gesellschaft und die entsprechenden Grenzen. Wir müssen uns zunächst selbst fragen, was wir unseren Jugendlichen eigentlich vorleben und was wir ihnen mitgeben für ihr Leben.

Jeder, der in einer Schule arbeitet, kennt den Druck, unter dem die Jugendlichen stehen, den Druck, alles haben zu müssen: die neuesten Computerspiele, die Markenklamotten usw. Was gibt es noch, was man sich erarbeiten kann? Die gängige

Meinung der Erwachsenen lautet: »Es geht der heutigen Jugend viel zu gut.« Aber wer erzieht die Jugend dahin? Letzten Endes sind sie sehr arm: Sie haben schon alles! Es gibt kaum mehr etwas, was sie sich selbst einmal erarbeiten können. Wenn sie Glück haben, können sie sich den Lebensstandard, den wir ihnen bieten, erhalten.

Nicht zuletzt dadurch, dass die jungen Menschen »alles« haben, entsteht auch sehr viel Langeweile. Sie wissen wenig mit sich anzufangen. Gerade diese Langeweile ist häufig ein Auslöser für Gewalt. Aus Langeweile beginnen viele sich gegenseitig zu provozieren. Da die Konfliktfähigkeit bei den meisten Kindern und Jugendlichen sehr gering ist, kann die Situation schnell eskalieren.

Um den kriminellen Handlungen innerhalb der Schule entgegenzuwirken, hat sich das Modell der Streitschlichter, der so genannten Mediatoren, als sehr erfolgreich erwiesen. Einige Schüler werden dabei von ihren Lehrern ausgebildet, Auseinandersetzungen zwischen anderen Schülern zu schlichten. Sie hören beide Parteien und fordern sie daraufhin einzeln auf, Lösungsvorschläge anzubieten. Anschließend wird ein Vertrag geschlossen. Auf diese Weise können die Kinder lernen, mit Streitigkeiten umzugehen und Konflikte friedlich zu lösen.

Konfliktlösungsmodell Mediation

Neue Funktionen der Schule

Die Familie ist mittlerweile längst überfordert mit der ihr zugedachten Rolle. Der Druck durch die Medien, durch den Machbarkeitswahn und der Verlust vieler Werte können durch die Familie allein nicht mehr aufgefangen werden. Auch die Kirche hat nicht mehr ihren prägenden Einfluss, ganz im Gegenteil: Auch sie ist beeinflusst worden durch die gesellschaftlichen Veränderungen. Und die Schulen und die Lehrer sind oft unzureichend auf die Erweiterung ihrer Funktion vorbereitet. Umso wichtiger ist die Zusammenarbeit von Eltern und Schule.

Im Unterricht sollte deshalb vermehrt auf Erziehung im umfassenden Sinne geachtet werden, das heißt, er sollte nicht allein auf die theoretische Wissensvermittlung ausgerichtet sein. Wenn wir uns darüber einig sind, dass Physik, Chemie, Biologie und Deutsch zur Allgemeinbildung beitragen, warum dann nicht auch ein Fach Psychologie? Zumindest was die Psychologie zur Kommunikation, zur Selbsterfahrung und zum Umgang mit Krisen beizutragen hat, gehört in den Unterricht!

Erziehung im umfassenden Sinne

Neben dem Grundlagenwissen dazu sollten im Unterricht Gespräche stattfinden, die die Schüler wirklich beschäftigen: Was will ich erreichen? Was erwarte ich von meinen Eltern? Was erwarten meine Eltern von mir? Was erwarte ich von mir selbst? Was bin ich wert? Was macht mich aus? Wie werde ich später meine Kinder erziehen? Was will ich ihnen mitgeben? Informationen und Gespräche über diese Themen – eventuell verteilt auf die Unterrichtsfächer Gesellschafts- beziehungsweise Sozialkunde, Biologie, Religion und Ethik – können den Schülern helfen, Wertvorstellungen zu entwickeln und damit auch mit Lebenskrisen besser umzugehen.

Neben diesen Maßnahmen ist es sinnvoll, klassenübergreifende Projekte ins Leben zu rufen. Die Hauptfunktion – neben der allgemeinen Anregung zu Aktivitäten – ist dabei, den jungen Menschen ein Wir-Gefühl zu vermitteln – als einen wichtigen Beitrag zur Prävention eines egoistischen Suizids. Da neben Frustration auch Langeweile ein Nährboden für Gewalt ist, kann auch die Schule – eventuell in Zusammenarbeit mit den Eltern – attraktive Freizeitaktivitäten anbieten. Man kann gemeinsame Verschönerungsaktionen einführen, Sportmannschaften, Theater-, Mal- oder Fotogruppen aufbauen. Auch Projekte wie zum Beispiel eine gemeinsame Zirkusaufführung, die von Theaterpädagogen begleitet werden kann, tragen viel zur allgemeinen Verbesserung des Wir-Gefühls und damit des Schulklimas bei.

Wir statt Ich

Statt die Kinder in den Dienst der Schule zu stellen, sollte die Schule in den Dienst des Lebens gestellt werden. Dazu müssen Schulen mehr Raum geben für soziales und kreatives Denken und Handeln. In einer Zeit, in der es vielen Kindern an sozialer Kompetenz mangelt, kann die Schule durch gemeinsames Handeln und soziale Gestaltungsprogramme die Fähigkeiten zum gemeinsamen Miteinander fördern und unterstützen.

Umgang mit Suizidalität in der Schule

Was kann im schulischen Bereich getan werden, wenn ein Kind deutliche Alarmzeichen von Suizidalität zeigt? Die einzige Möglichkeit, die wir im pädagogischen Bereich haben, ist das Herstellen einer Beziehung.

Eine positive Beziehung können wir aufbauen, indem wir ganz grundlegend erst einmal wahrnehmen, dass ein Kind oder Jugendlicher Probleme hat. Für die meisten jungen Menschen ist es bereits sehr beeindruckend, wenn Lehrer sich auch von ihrer menschlichen und warmen Seite zeigen. Man kann die Kinder in einer ruhigen Minute einfach nur ansprechen und ihnen mitteilen, dass man das Gefühl hat, dass sie irgendetwas bedrückt. Vielleicht genügt allein dieser Hinweis, und die Schüler schütten schon ihr Herz aus. In vielen Fällen werden sie ihren Kummer jedoch leugnen, manchmal aus Angst vor Konsequenzen, eventuell auch aus Scham oder Erstaunen darüber, dass sie angesprochen wurden. Welcher Grund auch immer dahinter stecken mag, die meisten Kinder sind für das gezeigte Interesse sehr dankbar, auch wenn sie es nicht immer gleich zeigen. Sie wissen, sie werden wahrgenommen – auch außerhalb des Lernbereichs.

Selbst wenn die Kinder kaum reagieren, ist dieses Ansprechen häufig doch ein erster Schritt zur Kontaktaufnahme. Mit dieser Grundlage nehmen Schüler nonverbale Kommunikation wie beispielsweise einen aufmerksamen, offenen Blick der Lehrer in einem ganz anderen Kontext auf. Es ist wichtig, den Schülern zu signalisieren: »Ich nehme dich wahr, und du kannst zu mir kommen, wenn du mich brauchst!«

Hilfreich kann auch sein, auf den »Kanal« des Schülers oder der Schülerin zu achten. Auf was sprechen sie an? Über seinen »Hauptkanal« kann man den jungen Menschen am besten erreichen.

Vertrauensverhältnisse herstellen

Lehrer dürfen nicht übersehen, dass sie zentrale Figuren in der Erziehung eines jungen Menschen sind. Was die Lehrer gesagt haben, wie sie es gesagt haben und wie sie beeinflusst und angeregt haben, kann ein Leben lang bedeutend bleiben. Deshalb ist es immer sinnvoll, ein Vertrauensverhältnis zu den Kindern und Jugendlichen von Anfang an aufzubauen. Die Verbesserung der Mitarbeit der Schüler liegt auf der Hand. Zudem können mit dieser Grundlage Krisen besser überstanden werden. Dieses Vertrauensverhältnis kann auch im Sinne einer Prävention wirken und manche Krise bereits im Vorfeld abfangen.

Außerdem können die schon angesprochenen Mediatoren eine wichtige Funktion für Krisenzeiten bekommen, da manche Schüler sich eher anderen Schülern anvertrauen als Erwachsenen. Dabei muss allerdings berücksichtigt werden, dass annähernd Gleichaltrige auch schnell überfordert sein können mit einer derartigen Aufgabe. Die Mediatoren müssen also selbst die Möglichkeit haben, eine Art Supervision in Anspruch nehmen zu können beziehungsweise sich absprechen zu können mit den Schulsozialarbeitern oder Schulpsychologen.

Zusammenfassung:
Prävention in der Schule

- Selbstunsicherheit und Aggressionen der Schüler verstehen
- »Unauffällige« Kinder beachten
- Mediatoren einsetzen
- Mit Schulprojekten ein Wir-Gefühl unterstützen
- Aktivitäten gezielt fördern
- Warnzeichen für suizidale Krisen beachten

Sekundäre Prävention

Die sekundäre Prävention umfasst alle Interventionen in akuten Krisen bis hin zum Umgang mit suizidalem Verhalten junger Menschen. Dass Kinder – genauso wie Erwachsene – immer wieder in Krisen kommen, ist normal. Dies gehört einfach zu unserem Leben. Wenn aus der Krise sich bereits das präsuizidale Syndrom entwickelt, dann ist spätestens Gefahr in Verzug.

Der Umgang mit Krisen

Ein Leben ohne Krisen ist nicht möglich. Wie wir bereits besprochen haben, ist eine Krise eine Situation, die für uns so neu, so heftig, so stark, so ... ist, dass wir (zunächst) mit unserem bisherigen Verhaltensrepertoire nicht erfolgreich mit ihr umgehen können. Deshalb ist es so wichtig, schon als Kind zu lernen, mit Krisensituationen fertig zu werden. Somit kann eine Krise zu einer lähmenden Panikreaktion führen oder zu einer Neuorientierung mit einer Erweiterung oder einer Korrektur des bisherigen Verhaltensrepertoires. Das chinesische Schriftzeichen für Krise ist zweiteilig. Der obere Teil bedeutet Gefahr, der untere Chance. Dieses Zeichen symbolisiert auf anschauliche Weise, welche Anteile in der Krise stecken.

Krisen gehören zum Leben

Die beste Voraussetzung für den konstruktiven Umgang mit einer Krisensituation ist es, schon von Kindheit an zu lernen, dass Krisen zwar bedrohlich sind, es aber möglich ist, sie erfolgreich zu meistern, wenn man sich Zeit dafür lässt und etwas Geduld mit sich selbst hat.

Man kann an einer Krise also auch reifen. Sie kann Ansporn sein, etwas im Leben zu verändern. Das Leben, so wie es im Augenblick ist, ist für den Suizidgefährdeten unerträglich. Es muss sich also etwas ändern, sonst bleibt die Selbstmordgefahr auf Dauer bestehen.

Diese Sichtweise ist eine gute Basis, die in suizidalen Krisen helfen kann. Es geht um zweierlei: zu helfen, dass die Betroffenen ihre Krisen überleben und dass sie sich so weiterentwickeln, dass ein Suizid für sie nicht mehr als Rettung aus einer unerträglichen Situation erscheint. Auf dieser Grundlage können wir Suizidtendenzen ernst nehmen und trotzdem souverän helfen: Wie verurteilen suizidale Menschen nicht moralisch und betrachten einen Suizid nicht als etwas, was auf keinen Fall passieren darf.

Der Umgang mit Alarmzeichen

Wir haben im Teil I schon Alarmzeichen für Suizidgefahr besprochen. Die folgende Auflistung soll der Orientierung dienen, wenn Sie befürchten, ein Kind oder Jugendlicher könnte suizidgefährdet sein. Je mehr von den aufgeführten Merkmalen zutreffen, desto größer ist die Suizidgefahr. Bitte bedenken Sie aber, dass dies nur allgemeine Anhaltspunkte sind. Für die Einschätzung des Risikos im Einzelfall ist es notwendig, sich sehr individuell mit dem betreffenden jungen Menschen zu beschäftigen. Außerdem bedeuten diese Warnzeichen nicht in jedem Fall, dass das Kind akut suizidal ist. Sie zeigen aber sehr deutlich, dass es notwendig ist, mit ihm über seine Situation und Befindlichkeit zu sprechen. Kinder, die diese Signale senden, befinden sich in Not.

Auffälliges Verhalten

- Schuleschwänzen
- Weglaufen
- Auf Trebe gehen
- Rückzug
- Veränderung der Essgewohnheiten
- Alkohol-, Drogen- und Medikamentenmissbrauch
- Verwahrlosungstendenzen
- Gewalttätigkeit

Sprachliche und bildliche Ebene

- Verbale Äußerungen über den Tod
- Philosophisches Interesse
- Schriftliche Äußerungen
- Symbolische Zeichen bildlicher Art

Psychische Veränderungen

- Konzentrationsschwierigkeiten
- Gleichgültigkeit
- Geringes Selbstwertgefühl
- Stimmungsschwankungen

Somatische Beschwerden

- Bauchschmerzen
- Kopfschmerzen
- Übelkeit
- Fieberschübe
- Schlafstörungen

Verlusterfahrungen

- Scheidung der Eltern
- Tod eines nahen, geliebten Verwandten
- Suizid innerhalb der Familie

Realpraktische Schritte

- Sammeln von Tabletten
- Waffenbesitz

Das Naheliegendste ist natürlich, die Kinder direkt auf diese Alarmzeichen anzusprechen und sie zu fragen, was sie bedrückt. Wichtig ist dabei, deutlich zu machen, dass Notlagen veränderbar sind, auch wenn die Kinder selbst im Augenblick keinen Ausweg aus ihrer Situation sehen können. Je nach Alter müssen wir ihnen konkrete Hilfe anbieten beziehungsweise selbst Veränderungen herbeiführen oder sie darin unterstützen, die Probleme selbständig zu lösen. Sie müssen dabei in jedem Fall das Gefühl bekommen, dass wir sie in ihrer Not ernst nehmen und sie nicht im Stich lassen. Ermutigung und konkrete Vorschläge dürfen nicht so klingen, als würden wir die Sorgen der Kinder bagatellisieren. Bewusst oder unbewusst schämen sie sich ohnehin dafür, dass sie nicht mehr weiterwissen. Mit Äußerungen wie »Es ist doch alles halb so schlimm!« oder »Wer wird denn da gleich den Mut verlieren!« entmutigen wir sie noch mehr.

Mit Kindern kann man meist gut direkt sprechen. Sie sind noch sehr offen und erzählen bereitwillig von ihren Problemen, sofern sie sie selbst erfassen können. Bei Jugendlichen ist dies schon wesentlich schwieriger. Vor allem Jungen neigen dazu, sich zu verschließen und sich zurückzuziehen. Wenn zu befürchten ist, dass ein direktes Ansprechen der Probleme ab-

Ich-Botschaften und Parallelgeschichten

wehrende Reaktionen auslöst, können zwei Vorgehensweisen helfen: Ich-Botschaften und Parallelgeschichten.

Wenn wir beispielsweise zu unserer Tochter sagen: »Du isst in letzter Zeit kaum mehr etwas«, wird sie vermutlich sofort protestieren und behaupten, dass dies nicht wahr sei. Dagegen machen wir es durch *Ich-Botschaften* leichter, auf das Problem einzugehen. Ich-Botschaften sind Aussagen, die mit »Ich« oder »Mir« beginnen, zum Beispiel: »Mir ist aufgefallen, dass du in letzter Zeit nicht mehr viel isst« oder »Ich mache mir Sorgen um dich, weil du in letzter Zeit nicht mehr so viel isst«. Diese Form der Aussagen wirkt nicht anklagend, und unsere Gesprächspartner können sich so wesentlich leichter öffnen.

Parallelgeschichten sind Erzählungen über Probleme, die andere haben und die der Problematik entsprechen, die wir bei unseren Ansprechpartnern vermuten. Wir können zum Beispiel von einer Freundin erzählen, die einen Jugendlichen kennt, der bedrückt ist, weil er mit einem bestimmten Schulfach nicht zurechtkommt. Parallelgeschichten haben den Vorteil, dass sie nicht zu bedrohlich sind, da sie eine Distanz zur eigenen Problematik ermöglichen. Wenn es (scheinbar) nicht um sie selbst geht, sind die jungen Menschen viel eher bereit zuzuhören. Wir können bei unseren Ausführungen bereits mögliche Lösungen für die speziellen Schwierigkeiten des angeblichen Bekannten einflechten oder aber die Jugendlichen selbst dazu befragen, ob sie eine Idee haben, was diejenige oder derjenige tun könnte, um aus dem Dilemma herauszukommen.

Zusammenfassung:
Der Umgang mit Alarmzeichen

- Warnzeichen beachten
- Offene Gespräche führen
- Ich-Botschaften senden
- Parallelgeschichten erzählen

Der Umgang mit suizidalem Verhalten

Bei suizidalen Handlungen kann man zwischen dem demonstrativen, appellativen, depressiven und ambivalenten Suizidversuch unterscheiden. Diese Kategorisierung wird im medizinischen Bereich sehr häufig benutzt. Sie ist jedoch für unsere Reaktion auf das suizidale Verhalten unserer Kinder sekundär, denn in jedem Fall handelt es sich um einen verzweifelten Hilfeschrei. Er ist immer Ausdruck dafür, dass es dem Kind oder Jugendlichen sehr schlecht geht. Auch wenn ein Suizidversuch demonstrativ, vielleicht sogar erpresserisch wirkt, müssen wir ihn ernst nehmen: Wer zu solchen Mitteln greifen muss, ist in Not. Außerdem werden die Suizidimpulse danach noch viel ernster, wenn von außen keine Reaktion erfolgt.

Akute Reaktionen

Wenn ein junger Mensch eine suizidale Handlung vollzieht, ist es wichtig, schnell zu erfassen, wie lebensbedrohlich die

Auswirkung dieser Tat ist. Während bei Schusswunden, Verbrennungen oder Versuchen, sich zu erhängen, keine Zweifel darüber bestehen, dass unbedingt fachliche Hilfe hinzugezogen werden muss, gibt es Grenzbereiche, bei denen Eltern häufig unsicher sind, wie sie weiter vorgehen sollen. Oft ist es schwer zu entscheiden, wann ein Arzt, kinderpsychiatrische Unterstützung oder ein Krankenhaus eingeschaltet werden muss.

Schnell und richtig reagieren

Wenn Kinder sich am Körper oberflächlich ritzen, wird es in den meisten Fällen nicht nötig sein, in eine Klinik zu fahren. Dies bedeutet jedoch nicht, dass wir diese Handlung verharmlosen dürfen. Sie ist ein Zeichen dafür, wie verletzt sich ein Kind fühlt. Es ist wichtig, den Kindern keine Vorwürfe zu machen, sondern sofort darauf zu reagieren und ihnen zu helfen. Neben einem liebevollem Gespräch können wir versuchen, auf die Verletzung direkt einzugehen, indem wir beispielsweise die verletzten Stellen in aller Sorgfalt versorgen und uns damit dem Kind intensiv zuwenden. Bei tieferen Schnittwunden sollten wir dagegen einen Arzt aufsuchen und die Verletzungen sachgemäß behandeln lassen.

Wenn junge Menschen Tabletten geschluckt haben, ist es in jedem Falle notwendig, sofort ins Krankenhaus zu fahren. Zum einen wissen wir in den allermeisten Fällen nicht genau, wie viele Tabletten sie tatsächlich genommen haben, zum anderen können sich Reaktionen ergeben, die wir vorab nicht absehen. Es kann auch bei nicht tödlichen Vergiftungen zu Komplikationen kommen. Wenn Kinder beispielsweise ein Beruhigungsmittel wie Valium einnehmen, schlafen sie anschließend meist sehr tief. Wenn es dann zum Erbrechen kommt, besteht die Gefahr, dass sie daran ersticken.

Je nach Art der Schädigung kommen die Kinder nach einem Suizidversuch auf unterschiedliche Stationen, beispielsweise auf die chirurgische, die neurochirurgische oder die innere Station, oder gleich in eine Kinderklinik. In dieser Situation treffen drei verschiedene Menschengruppen mit verschiedenen Aufgaben, Ansprüchen und Gefühlen aufeinander: das Klinikpersonal, das trotz aller Professionalität mit eigenen Problemen zu kämpfen hat, der Suizidant mit seiner Angst und die Eltern mit ihrer Sorge und ihrer Scham.

Reaktionen des Klinikpersonals

Notaufnahmen in einer Klinik lösen bei Ärzten und Pflegepersonal gesteigerte Aktivität und damit eine gewisse Anspannung aus. Eines unterscheidet aber die Aufnahme von Patienten nach einem Suizidversuch von der Aufnahme von Patienten nach Herzinfarkt, Unfällen und Ähnlichem: Suizidanten erzeugen oft Aggressionen.

Die Aggressionen des medizinischen Fachpersonals sind häufig am barschen Ton zu spüren, mit dem sie mit den Suizidanten umgehen. Bemerkungen wie »Mit so wenig Tabletten kann man sich nicht umbringen, das müsstest du doch wissen!« oder »Solche Kratzer reichen aber nicht aus, um sich die Pulsadern zu öffnen« sind noch harmlose Beispiele für das, was Betroffene oft zu hören bekommen.

Neben der ruppigen Tonart müssen Suizidanten sicherlich auch mehr erleiden, als dies in manchen Fällen nötig wäre. Sie müssen eventuell überflüssigerweise einen Schlauch schlucken, unangenehme Mittel trinken, um Erbrechen herbeizuführen, oder erdulden, wie ihnen in unsanfter Weise Fremdkörper entfernt werden. Die Behandlung wird unwillkürlich zur Strafsituation.

Suizidanten werden tendenziell insgesamt weniger ernst und wahrgenommen als andere Patienten und möglichst rasch weitergeleitet beziehungsweise entlassen.

Für diese Aggressionen des medizinischen Fachpersonals gibt es mehrere Gründe. Trotz aller Aufklärung betrachten viele Ärzte und Pflegekräfte Suizidversuche nicht als Ausdruck einer behandlungsbedürftigen Problematik und damit nicht als etwas, wofür sie eigentlich zuständig sind. Ihr Engagement gilt denen, die sie als »wirklich krank« betrachten. Suizidales Verhalten wird damit zur unnötigen Belastung, eventuell sogar zur Zumutung für sie.

Suizidversuche mit Medikamenten, also mit den Mitteln, mit denen die Medizin kranken Menschen hilft, lösen meist besonders starke Aggressionen aus. Sie rühren an das Selbstverständnis des medizinischen Personals.

Ein weiterer wichtiger Grund ist eine Art »emotionale Ansteckung« des Fachpersonals durch die Suizidanten. Als wir das präsuizidale Syndrom darstellten, besprachen wir bereits die aggressiven Anteile des suizidalen Handelns. Das Aggressive, das in einem Suizidversuch liegt, macht nun auf diese Weise auch die Kontaktperson aggressiv.

So ist zu erklären, dass angesichts der sowieso bereits angespannten Atmosphäre des Klinikalltags diese Aggressionen dazu führen, dass Suizidanten anders eingestuft und behandelt werden als Patientinnen und Patienten, die »unverschuldet« erkrankt sind.

Die Situation der Eltern

Was die Eltern betrifft, machen es sich einige wenige von ihnen bei der Klinikaufnahme leicht: Die Klinik kümmert sich ja nun um alles Weitere, und wir sind entlastet. Für alle anderen ist die Kliniksituation entsetzlich. Sie kommen mit ihrem Kind, das gerade einen Suizidversuch begangen hat, und bangen vielleicht noch um sein Leben. Sie fühlen sich schuldig und schämen sich zugleich.

Vor allem bei Gefühlen wie Schuld und Scham haben wir Menschen den Drang, irgendetwas zu tun, um zu helfen und die Situation beziehungsweise die Gefühle zu verändern. Doch gerade in der Klinik bleiben die Eltern hilflos zurück. Sie müssen ihr Kind anderen übergeben und können selbst nicht mehr tun als abzuwarten und zu hoffen.

Besonders schwierig ist es dann, zuschauen zu müssen, dass mit dem Kind nicht immer so umgegangen wird, wie man sich das vorstellt. Es ist für Eltern in dieser Situation sehr wichtig, eine Balance darin zu finden, Verständnis für das medizinische Fachpersonal aufzubringen, gleichzeitig aber darauf zu achten, dass das Kind das Ganze so unbeschädigt wie möglich übersteht. Dazu müssen die Eltern manches akzeptieren. Es macht wenig Sinn, Streit mit dem Personal anzufangen, er wird in dieser angespannten Lage vermutlich nichts nützen, vermutlich eher sogar kontraproduktiv wirken. Wichtig ist es, so gut und intensiv wie möglich für das Kind da zu sein.

Die Eltern können jedoch darauf drängen, einen Konsiliarius einzuschalten. Konsiliarii sind meistens Psychiater, die mit der Klinik kooperieren und zur Beratung hinzugezogen werden. In vielen Kliniken geschieht dies bereits routinemäßig. Falls dies nicht angeboten wird, lohnt es sich, darauf zu beharren, um das weitere Vorgehen abzuklären.

Die anschließende Vorstellung bei einer Jugendpsychiaterin oder einem Jugendpsychiater ist vor allem wichtig, um die aktuelle Gefährdung der jungen Menschen und eine mögliche Wiederholungsgefahr einzuschätzen. Ferner muss abgeklärt werden, in welchem Rahmen die Nachsorge geschehen soll. Dies kann bei weiterhin akut gefährdeten Jugendlichen unter Umständen eine sofortige stationäre jugendpsychiatrische

Aufnahme bedeuten. In anderen Situationen wird eine ambulante Behandlung oder Betreuung bei einem niedergelassenen Jugendpsychiater oder Kinder- und Jugendpsychotherapeuten angeraten sein.

Falls eine ambulante Versorgung ausreichend erscheint, muss auch geklärt werden, ob das Kind während der nächsten Tage zu Hause versorgt werden kann, ob die Eltern ausreichend Zeit haben und wie sie mit dem Kind umgehen können. Die Verständigung und Offenheit auf allen Seiten ist dazu sehr wichtig, um den medizinischen Notwendigkeiten und den Bedürfnissen des Kindes gerecht zu werden.

Nach der akuten Versorgung beziehungsweise Behandlung sind die suizidalen Patientinnen und Patienten häufig erschöpft oder durch die eingenommenen Mittel schläfrig. Manche befinden sich in einem bewusstlosen Zustand oder in einem Tiefschlaf.

Es kommt immer wieder vor, dass sie gar nicht so schnell zu sich kommen wollen. Sie wären vom physischen Ablauf her längst wieder ansprechbar, aber wie in einer Art »Dornröschenschlaf« können oder wollen sie sich der Konfrontation mit der Realität entziehen und noch keinen Kontakt mit ihrer Umwelt aufnehmen. Auch sie werden von Scham- und Schuldgefühlen geplagt, außerdem haben sie meist Angst vor der Reaktion ihrer Eltern.

Die Kontaktaufnahme

Es ist wichtig, die Kinder langsam zurückkehren zu lassen. Wir können davon ausgehen, dass sie akustisch viel mehr wahrnehmen, was um sie und um ihr Bett herum geschieht, als wir vielleicht glauben. Nach einer großen Studie an Kindern im Koma ist anzunehmen, dass sogar bei tiefer Bewusstlosigkeit noch einiges »ankommt«. Die vertrauten Stimmen dringen wie durch einen Schleier, eine Art schützenden Nebel, vor. Die meisten jungen Menschen berichten im Nachhinein, dass es wohltuend war, sich ganz langsam, ohne gedrängt zu werden, zurückzuorientieren und ganz viel Liebe und Zuwendung zu spüren.

Wir können dann mit vorsichtigen Aussagen beginnen wie »Du bist wieder wach!« oder mit Annäherungen wie »Ich glaube, bei dir dreht sich wohl noch alles im Kopf!« oder »Du bist wohl noch sehr müde?«. Für viele Kinder ist es sehr entlastend, dann ein vertrautes Kuscheltier, ein Comicheft oder ihr Lieblingsbuch vorzufinden.

Für diese erste fürsorgliche Kontaktaufnahme können wir uns viel Zeit lassen. Es ist sehr wichtig, die Kinder nicht gleich mit Vorwürfen oder Fragen zu bombardieren, sondern ihnen in aller Ruhe so viel Zuwendung wie möglich zu geben. Sie müssen gerade in dieser schambelasteten Situation, in der sie sich so allein fühlen, deutlich spüren können, dass sie geliebt und akzeptiert werden. Der Suizidversuch ist häufig eine Reaktion auf eine Entwertung, deshalb ist es speziell jetzt besonders wichtig, dem Kind deutlich zu machen, wie groß sein Wert für uns ist.

Zusammenfassung:
Erste Reaktionen nach einem Suizidversuch

- Das medizinische Fachpersonal zu verstehen versuchen, auch wenn es sich ruppig und eilig verhält
- Einen Konsiliarius anfordern
- Dem Kind sehr viel Zeit zum Aufwachen lassen
- Einen vertrauten Gegenstand mit in die Klinik bringen
- Dem Kind viel Zuwendung schenken

Tertiäre Prävention

Wenn ein Kind so verzweifelt ist, dass es einen Suizidversuch begeht, sieht es in seinem Leben keine Veränderungsmöglichkeit, um seiner schwierigen Situation zu entkommen. Die Zukunft wirkt wie eine Allee, bei der die Bäume zusammenzulaufen scheinen, die dadurch immer enger wird. Es sieht so aus, als gäbe es keinen Ausweg mehr.

Ein Suizidversuch muss sich deshalb »gelohnt« haben, dahin gehend, dass danach auch tatsächlich etwas verändert wird. Andernfalls bleibt alles beim Alten, und die Gefahr einer Wiederholung bleibt bestehen. Die tertiäre Prävention, also die Nachsorge, muss daher von der Frage ausgehen, was sich für den jungen Menschen nach seinem Suizidversuch verändern muss, damit er keine weiteren Suizidversuche unternimmt.

Das Gespräch mit einem Konsiliarius kann bereits wegweisend sein für die nächsten Schritte. Der Arzt oder die Ärztin kann eine Einweisung in die Kinder- und Jugendlichenpsychiatrie anordnen, eine Therapie empfehlen und vielleicht auch zusätzliche Ratschläge für den Umgang mit dem jungen Menschen geben.

Auch wenn wir von Fachleuten qualifizierte Hilfe bekommen, ist es wichtig, dass wir uns eigene Gedanken machen und Ideen sammeln, wie wir mit unseren Kindern weiterhin umgehen, sie mehr schützen und stärker auf sie eingehen können.

Stationäre Behandlung

Die stationäre Behandlung in einer Kinder- und Jugendpsychiatrie ist für die meisten Eltern eine Horrorvorstellung. Sie sehen schreckliche Kliniken vor dem inneren Auge mit langen, kalten Gängen, gleichzeitig beschleicht sie die Scham, dass das eigene Kind in eine Situation geraten ist, die eine derartige Behandlung erfordert.

Psychiatrien, die diesen Bildern entsprechen, hat es gegeben, und es gibt sie tatsächlich noch immer vereinzelt, doch mittlerweile hat sich viel verändert. Viele (leider nicht alle) Einrichtungen sind wesentlich kindgerechter und freundlicher geworden. Deshalb sollten Eltern auch versuchen, den Ort der Unterbringung mit zu beeinflussen, und so schnell wie möglich Erkundigungen über die einzelnen Psychiatrien und deren Behandlungsformen einziehen.

In guten psychiatrischen Kliniken gibt es eine breite Palette von therapeutischen Angeboten. Neben Psychotherapie in Einzel- wie in Gruppensitzungen werden oft Mal-, Musik- und manchmal auch Reittherapie angeboten. Mit vielfältigen Methoden wird versucht, den individuellen Bedürfnissen des Kindes gerecht zu werden und es zu stärken.

Eine stationäre psychiatrische Behandlung kann freiwillig erfolgen oder, wenn der untersuchende Arzt erhebliche Suizidgefahr sieht, auch gegen den Willen der Betroffenen und der Eltern. Die Einzelheiten der unfreiwilligen Aufnahme sind von Bundesland zu Bundesland unterschiedlich geregelt. Es gibt überall die Möglichkeit, sich dagegen mit juristischen Mitteln zu wehren.

Eltern, die vor der Frage stehen, ob sie eine vorgeschlagene oder angeordnete Klinikaufnahme akzeptieren wollen, sollten bedenken, dass eine stationäre Aufnahme nicht nur eine Belastung, sondern oft auch notwendige Hilfe darstellen kann. Die betroffenen Kinder und Jugendlichen haben oft unbewusst oder bewusst selbst die Angst, sie könnten einen weiteren Suizidversuch begehen. Durch die Rundumversorgung in der Klinik

Belastung
und notwendige Hilfe

fühlen sie sich meist sehr geschützt, vor allem vor sich selbst. Die Einrichtung gibt ihnen einen sicheren Rahmen.

Die Klinikaufnahme macht klar, dass hinter dem Suizidversuch eine behandlungsbedürftige Problematik steckt. Dadurch und durch das Zusammensein mit den Mitpatienten lassen Scham- und Schuldgefühle im Allgemeinen nach. Außerdem ist eine professionelle Überwachung rund um die Uhr oft die einzige Möglichkeit, erneute Suizidversuche zu verhindern.

Diese Aspekte können es auch den Eltern leichter machen, mit den eigenen Gefühlen umzugehen, vor allem wenn sie erkennen, dass ihre Kinder bestmöglich versorgt sind.

Andererseits gibt es Fälle, in denen die Eltern zu schnell die Bereitschaft zeigen, eine stationäre Unterbringung zu befürworten. Oft stecken dahinter eigene Ängste vor der Zukunft und vor der Konfrontation mit den Anforderungen und den notwendigen Veränderungen im Umgang mit ihrem Kind.

Medikation

Kinder, die stationär untergebracht sind, werden meist psychotherapeutisch und oft auch medikamentös behandelt. Die Eltern sollten sich bei den Ärzten über die Medikamente informieren und dabei versuchen, vorurteilsfrei an dieses Thema heranzugehen. Es gibt einige Situationen, in denen Medikamente sehr hilfreich und wichtig sein können.

Dies ist vor allem bei ausgeprägt depressiven Zuständen der Fall. Hier ist es sinnvoll, antidepressiv wirksame Medikamente einzunehmen. Auch Kinder und Jugendliche mit schweren Panikstörungen sollten – begleitend zu einer Therapie – Medikamente erhalten. Wichtig ist dabei, die Medikation ausreichend lang beizubehalten. Viele Menschen sind dazu geneigt, die Medikamente abzusetzen, sobald eine erste Verbesserung spürbar wird. Jedoch ist dann die Gefahr sehr groß, dass es bald zu einen Rückschlag kommt. Deshalb sollte die Medikation immer in Zusammenarbeit mit einem kompetenten Allgemeinarzt oder Facharzt besprochen werden.

Medikation in Rücksprache mit Fachpersonal

Manchmal kann ein Suizidversuch auch im Rahmen einer beginnenden Schizophrenie auftreten. Deshalb ist der Weg zu einem Kinder- und Jugendpsychiater zur Abklärung weiterer Gefahren auf jeden Fall sinnvoll.

Wiederholungsgefahr

Wenn junge Menschen nach einem Suizidversuch wieder nach Hause kommen, ist es wichtig, möglichst viel mit ihnen zu sprechen und zu überlegen, was im familiären Gefüge verändert werden kann, um eine Wiederholung der Tat zu verhindern. Oft sind dazu auch ausführliche Gespräche zwischen den Eltern notwendig, weil sie häufig die Situation unterschiedlich einschätzen und nicht in gleichem Maße bereit sind, Konsequenzen zu ziehen.

Trotz aller gute Vorsätze sollten die Eltern weiterhin wachsam sein, denn allzu schnell kann sich wieder der »alte« Alltag einschleichen, das Leben weitergehen wie bisher, ohne dass sich wirklich etwas Entscheidendes verändert hat.

Es geht nicht darum, nun permanent in Hab-Acht-Stellung zu lauern und ängstlich das Kind zu beobachten. Aber es ist sinnvoll, sich die Kriterien, wann das Kind wieder suizidal werden könnte, von Zeit zu Zeit vor Augen zu führen.

Diese Kriterien können die erwähnten Alarmzeichen sein, aber auch das präsuizidale Syndrom. Anhand der Beschreibung des präsuizidalen Syndroms können wir versuchen, uns in das Kind hineinzuversetzen, und in aller Ruhe überlegen, in welcher Situation sich das Kind aus seinem Blickwinkel wohl befindet.

Regelmäßige Familienkonferenzen können dazu beitragen, dass nicht alles im alten Trott weiterläuft. Bei diesen Zusammenkünften hat jeder das Recht, seine Wünsche zu äußern. Damit bekommt das Kind einen wichtigen Stellenwert in der Familie und kann das Gefühl entwickeln, gehört und ernst genommen zu werden. Diese Familienkonferenzen wirken vielleicht anfangs ein wenig künstlich und steif, aber im Lauf der Zeit werden sie oft ein wichtiges Organ, um allen Familienmitgliedern die Gelegenheit zur Meinungsäußerung zu geben. Das kann gleichzeitig die Konfliktfähigkeit der jungen Menschen fördern, indem sie lernen, auch Unangenehmes anzusprechen und konstruktiv damit umzugehen. Bei diesen Konferenzen sollten jedoch nicht nur Probleme besprochen werden. Man kann zum Beispiel auch Wünsche für bestimmte Ausflüge, Urlaube und Aktivitäten äußern oder die Erhöhung des Taschengeldes diskutieren.

Familienkonferenzen

Ambulante Dienste

Zahlreiche ambulante Dienste bieten Beratungsgespräche für die Betroffenen und ihre Angehörigen an, zum Beispiel Selbsthilfegruppen, Arbeitskreise für Suizidprophylaxe, Telefonseelsorge usw. Die Verhältnisse sind von Stadt zu Stadt sehr unterschiedlich, über die jeweiligen örtlichen Verhältnisse informieren Ärzte, Gesundheitsämter, sozialpsychiatrische Dienste oder regionale Koordinationsstellen.

Therapie

Wir haben schon mehrfach betont, dass ein Suizidversuch sich »lohnen« muss. Kinder und Jugendliche, die bereits suizidales Verhalten zeigten, müssen in ihrem Leben eine Veränderung im Sinne einer Verbesserung spüren, da sonst die Gefahr einer Wiederholung äußerst hoch ist. Doch eine wirkliche Veränderung herbeizuführen ist leichter gesagt als getan.

Wie bereits erwähnt, muss im Zusammenhang mit suizidalem Handeln zwischen Anlass, Motiv und Ursache unterschieden werden. Während wir im Alltag viel dazu beitragen können, dass unser Kind kein Motiv, also keine schon länger andauernde Konfliktsituation aushalten muss, ohne dass wir etwas davon ahnen, können die eigentlichen Ursachen oft nur mit therapeutischer Unterstützung bearbeitet werden. Ursachen können zum Beispiel eine Persönlichkeitsstörung oder ein verletzter Selbstwert sein.

Ursachenforschung

Psychotherapie kann durch Ärzte und Psychologen durchgeführt werden. Ärztliche Psychotherapeuten sind in der Regel Psychiater, sie können aber auch Internisten, Gynäkologen oder Allgemeinärzte sein, also Ärzte, die zusätzlich eine psychotherapeutische Ausbildung haben. Psychologische Psychotherapeuten haben Psychologie studiert und anschließend eine psychotherapeutische Ausbildung absolviert. Kinder- und Jugendlichentherapeuten sind Ärzte, Psychologen oder Pädagogen mit entsprechender Zusatzausbildung. Die von den Krankenkassen anerkannten Ausbildungen sind die Psychoanalyse, die tiefenpsychologische Therapie und die Verhaltenstherapie.

Um Kinder- und Jugendlichentherapeuten zu finden, kann man sich an die Krankenkasse oder die Kassenärztliche Vereinigung wenden. Über sie ist ein Verzeichnis der offiziell zugelassenen Therapeuten erhältlich. Die Behandlungskosten für eine Therapie bei diesen trägt die Krankenversicherung.

Doch auch mit einem derartigen Verzeichnis ist es oft nicht leicht, Therapeuten mit spezieller Erfahrung zu finden. Deshalb ist es meist sinnvoll, sich innerhalb des Bekanntenkreises nach Erfahrungen und Empfehlungen umzuhören oder sich von Fach- oder Hausärzten beraten zu lassen.

Familientherapie

Die Ursachen eines Suizidversuchs sind nicht nur in der Person des Suizidanten, sondern auch in einer bestimmten Familienkonstellation zu suchen. Häufig wird suizidales Verhalten sogar durch generationsübergreifende Probleme verursacht. Somit ist eine Auflösung der systemisch bedingten Probleme am besten durch die Bereitschaft und Mitarbeit *aller* Familienmitglieder möglich.

Britta ist seit 20 Jahren verheiratet. Ihre 18-jährige Tochter Lara ist ein sehr ruhiges Mädchen und verbringt sehr viel Zeit zu Hause. Britta freut sich einerseits über die Nähe zu ihrer Tochter, andererseits hat sie auch das Gefühl, dass Lara in ihrem Alter auch etwas mehr mit Gleichaltrigen zusammen sein sollte. Stattdessen verbringt sie Wochenende für Wochenende mit ihren Eltern. Wenn Britta ihre Tochter darauf anspricht, macht Lara deutlich, dass sie darüber nicht reden will. Aber sie wirkt sehr traurig und isst auffallend viel. Laras Depressionen nehmen ständig zu und schließlich will sie nicht einmal mehr zur Arbeit gehen. Eines Mittags kommt Britta nach Hause und findet ihre Tochter scheinbar ruhig schlafend auf der Küchenbank. Erst danach nimmt sie wahr, dass es stark nach Gas riecht.

Der Notarzt kann Lara glücklicherweise retten. Durch den massiven Schock erklären sich die Eltern bereit, an einer Familientherapie teilzunehmen. Bereits in der ersten Sitzung wird klar, dass auch Britta ihrerseits zeit ihres Lebens jeden Sonntag mit der gesamten Familie zu ihrer Mutter fährt. Britta hat ihrer Tochter – ohne dies jemals auszusprechen – vermittelt, dass Töchter immer für ihre Mütter da sein müssen. Unbewusst hat Lara auf ihren Auftrag reagiert und hat es nicht gewagt, wegzugehen und Kontakte zu anderen aufzubauen. Sie hat die Verantwortung für ihre Mutter gespürt und die unausgesprochene Verpflichtung, ihr nahe zu sein.

Britta hätte es auch tatsächlich am liebsten gesehen, dass ihre Tochter immer für sie da ist, wie sie ihrerseits für ihre Mutter. Aber in Britta gibt es genauso die andere Seite, die durchaus erkennen und einsehen kann, dass dies für das junge Mädchen absolut unzumutbar ist. Im gemeinsamen Gespräch mit der Familientherapeutin konnten alle beteiligten Familienmitglieder klären, wer welche Ansprüche an wen hat, was erfüllt werden kann und an welcher Stelle endlich Freiheit und Loslassen gewährt werden müssen. Durch die Begleitung einer unparteiischen Person ist es zum ersten Mal möglich gewesen, offen und angstfrei über die eigenen Bedürfnisse zu sprechen und zu einem Konsens zu kommen.

Suizidalität als Störung des Beziehungsgefüges Familie

Familientherapeuten haben eine ganzheitliche Sicht auf das suizidale Geschehen. Das Symptom Suizidalität kann aus diesem Blickwinkel als eine Störung des Beziehungsgefüges Familie gewertet werden. Die Störung liegt in der Kommunikation oder Interaktion der gesamten Familie. Durch diese ganzheitliche Sichtweise wird der junge Mensch nicht zum Sündenbock abgestempelt, sondern als Symptomträger betrachtet, also als derjenige, der durch ein Symptom eine verborgene gemeinsame Problematik der ganzen Familie zum Ausdruck bringt.

Jedes Symptom war ursprünglich ein Lösungsversuch für eine Störung. Schuleschwänzen kann beispielsweise ein unbewusster Versuch sein, die Eltern auf sich aufmerksam zu machen. Erhält der junge Mensch daraufhin Zuwendung und wird er weiterhin ausreichend wahrgenommen, ist das Symptom nicht mehr notwendig. Dieses Symptom kann jedoch auch dysfunktional sein und dadurch immer belastender werden, wenn zum Beispiel die Eltern auf das Schuleschwänzen ausschließlich mit Strafen reagieren und sich darüber hinaus über die Probleme ihrer Tochter oder ihres Sohnes keine Gedanken machen.

Ein systemischer Therapeut wird gemeinsam mit allen Familienmitgliedern das Problem erst definieren lassen, dann auf die bisherigen Lösungsversuche eingehen und schließlich neue Bewältigungs- und Lösungsschritte erarbeiten. Eine wirkliche Veränderung des Systems kann am besten durch die intensive Zusammenarbeit aller Beteiligten erreicht werden. Denn die Einzelperson zu therapieren, sie aber Tag für Tag wieder in dieselbe Situation zurückzuschicken hat manchmal nur mäßigen Erfolg.

Über lange Zeit gab es einen Ideologiestreit, inwieweit Therapie mit Familien, in denen Missbrauch stattfand oder stattfindet, möglich und sinnvoll ist. Die Frage lautete: Ist es durchführbar, mit Täter und Opfer gemeinsam zu arbeiten? Inzwischen gibt es bei diesem Thema immer mehr Verfechter des familientherapeutischen Ansatzes. Voraussetzung ist jedoch immer die Bereitschaft aller Beteiligten, nach gemeinsamen Lösungsschritten zu suchen. Leider ist vor allem die Bereitschaft der Väter, sich ihren Problemen und denen der gesamten Familie zu stellen, nach wie vor gering.

Mittlerweile gibt es fast in jeder Stadt Familientherapeuten. In diese Form der Therapie zu gehen, ist jedoch häufig auch eine finanzielle Frage. Familientherapie wird von den Krankenkassen nach wie vor nicht übernommen und muss somit privat bezahlt werden. Es gibt auch bei vielen Beratungsstellen die Möglichkeit, kostenlos oder für eine geringe Gebühr familientherapeutisch orientierte Beratung zu bekommen.

Einzeltherapie

Während die Familientherapie am familiären System arbeitet und durch die Veränderung der Strukturen vieles erleichtern kann, macht sie doch in den meisten Fällen eine Einzeltherapie nicht einfach überflüssig. Doch wann sind nun einzeltherapeutische Maßnahmen für den jungen Menschen wichtig?

Wann ist Einzeltherapie notwendig?

Ein Kind oder Jugendlicher sollte auf jeden Fall therapeutische Hilfe bekommen, wenn der Suizidversuch als Reaktion auf ein traumatisches Ereignis stattfand. Traumatische Ereignisse sind beispielsweise der schon mehrfach erwähnte sexuelle Missbrauch von Kindern, aber auch jegliche Art von Gewalterfahrungen. Weitere Indikationen für Einzeltherapie sind Verhaltensstörungen (Aggressivität, Dissozialität, Aufmerksamkeitsstörungen oder soziale Unsicherheit), Depressionen und Ängste, Entwicklungsstörungen (Autismus, Sprachstörungen), Zwänge und Phobien sowie psychosomatische Störungen. Generell sollten sämtliche Formen von Suchtverhalten bei Kindern und Jugendlichen, das heißt vor allem Essstörungen, Alkohol- und Drogenmissbrauch, als eine Indikation für Therapie gesehen werden. Diese Verhaltensweisen sind Zeichen einer tiefer liegenden Störung, die in der Regel durch eine länger dauernde therapeutische Intervention bearbeitet werden muss.

Die Einzeltherapie ist dem Alter entsprechend angepasst, für Kinder heißt das in der Regel Spieltherapie, bei Jugendlichen tritt das Gespräch mehr in den Vordergrund. Die Therapieformen können entweder tiefenpsychologisch oder verhaltenstherapeutisch ausgerichtet sein. Ob man bei dieser Behandlung mehr tiefenpsychologisch oder mehr verhaltensorientiert arbeitet, hängt unter anderem davon ab, was dem Kind mehr entspricht. Die verschiedenen Ansätze sind erprobt und bewährt. Je nach Naturell des Patienten ist die eine oder andere Vorgehensweise besser geeignet. Die Krankenversicherungen zahlen Vorgespräche auch bei mehreren Therapeuten, damit jeder für sich herausfinden kann, welche Methode ihm am besten entspricht und welcher Therapeut ihm persönlich liegt.

Was geschieht in der Kindertherapie? Das letztlich hinter allem stehende therapeutische Ziel ist, das aus den Fugen geratene innere Gleichgewicht wiederherzustellen. Die Therapeuten stehen den Kindern bei ihrem Erleben bei, begleiten sie und ermuntern den emotionalen Ausdruck.

Kindertherapie

Da Kinder sich nicht einfach hinsetzen und über ihre Probleme sprechen können wie Erwachsene, ist das Spiel ein wichtiges Medium, damit sie ihre Nöte und Ängste ausdrücken können. In therapeutischen Spielzimmern stehen ihnen dazu beispielsweise Sandkasten, Plüschtiere oder Kasperfiguren zur Verfügung. Malen oder Kneten werden ebenfalls als Möglichkeiten zur Emotionsabfuhr angeboten. Im Gegensatz zur

»normalen« Welt dürfen im Therapiezimmer aggressive Bedürfnisse ausgelebt werden, um damit den Impuls zu selbstzerstörerischem Handeln zu mindern. Kinder dürfen toben, boxen, schreien. Es gibt nur drei einschränkende Regeln: Sie dürfen weder sich noch die Therapeutin beziehungsweise den Therapeuten verletzen und nichts mutwillig zerstören. Aber auch ruhigere Elemente wie Geschichten von anderen Kindern über deren Probleme und Lösungsversuche sind wirkungsvolle Mittel.

Die psychoanalytische und tiefenpsychologische Psychotherapie

Diese Therapieform wird in verschiedenen Varianten angewandt: Bei der *Psychoanalyse* finden mehrere Sitzungen pro Woche statt. Der Patient liegt auf der Couch, um leichter Zugang zu tiefen Persönlichkeitsschichten zu bekommen. Eine möglichst umfassende Bearbeitung der unbewussten Probleme wird angestrebt. Bei der *tiefenpsychologisch fundierten Psychotherapie* sitzt der Patient dem Therapeuten gegenüber. Die Anzahl der Sitzungen schwankt zwischen zweimal pro Woche und einmal alle zwei Wochen. Die Bearbeitung der Problematik wird auf die wesentlichsten Themen konzentriert. Andere Varianten unterscheiden sich von diesen nur in Einzelheiten, die für Laien hier zu weit führen würden.

Unbewusste Probleme bewusst machen

Bei dieser Therapieform geht es also vor allem darum, unbewusste psychische Probleme bewusst zu machen, sich mit unterdrückten Gefühlen, Persönlichkeitsanteilen und dergleichen vertraut zu machen und dadurch zu einem neuen inneren Gleichgewicht zu kommen.

Wenn zum Beispiel ein Kind für Neid und Eifersucht gegenüber seinen jüngeren Geschwistern bei den Eltern kein Verständnis findet, bleibt ihm oft nur die Möglichkeit, diese Gefühle zu unterdrücken und seine Aggressionen gegen sich selbst zu richten. Es wird dann besonders brav, korrekt und fürsorglich sein, das heißt in einer Weise reagieren, die übertrieben ist, um die eigenen aggressiven Impulse abzuwehren. In einer Krisensituation können seine Aggressionen verstärkt werden, es richtet sie vor allem gegen sich selbst, entwickelt massive Schuldgefühle und wird suizidal. Die Therapie hilft ihm dann, sich selbst zu verstehen, seine Aggressionen zu spüren und anzunehmen und allmählich mit der belastenden Vergangenheit abzuschließen.

Der Zugang zu den unbewussten Problemen erfolgt bei Jugendlichen und Erwachsenen über das therapeutische Gespräch. Der Therapeut versteht die verdrängten Vorstellungen aufgrund der Erzählungen des Patienten, seiner Träume, seiner spontanen Einfälle (freies Assoziieren) und der Beobachtungen der Kommunikation in der Therapie.

Bei Kindern spiegeln sich die unbewussten Probleme zum Beispiel im Spiel und im Zeichnen. Das Spiel ist der Spiegel der kindlichen Seele. Die Spielhandlungen können von den Therapeuten gedeutet werden wie beim freien Assoziieren der Erwachsenen. Die unbewussten Vorgänge, wie sie sich in Spielhandlungen, Tagträumen, Phantasien oder Zeichnungen von Kindern ausdrücken, werden mittels dieser Deutungen bewusst gemacht. Dieses Bewusstmachen geschieht durch gezieltes Eingreifen in das Spiel, um den psychoanalytischen Prozess voranzutreiben.

Vor allem bei der Kinderpsychoanalyse müssen die Eltern mit einbezogen werden, da man nicht von einer Krankheitseinsicht des Kindes ausgehen kann. Das Kind kann noch nicht die Verantwortung für sich tragen. Zudem ist das Kind oft der Austragungsort für die Konflikte der Eltern. Die genaue Erfassung ihrer Probleme ist deshalb eine wichtige Voraussetzung der Therapie.

Selbst wenn in der Therapie von Jugendlichen das Gespräch im Vordergrund steht, kann es manchmal hilfreich sein, auch hier spielerische Elemente einzubauen, etwa zusammen zu töpfern, Tischtennis zu spielen etc. Mit Jugendlichen besteht bereits die Möglichkeit, über den Tod zu reflektieren. »Was wäre anders, wenn du tot wärst?« gehört zu den wichtigen Fragen, um die dahinter liegenden Phantasien aufzuarbeiten.

Verhaltenstherapie

Die Verhaltenstherapie basiert auf einer gründlichen Verhaltensanalyse. Auf dieser Grundlage muss mit dem Kind (und seinen Eltern) geklärt werden, welche Verhaltensmuster verändert werden sollen. Darauf baut die Therapie auf. Sie kann mehr darauf abzielen, die Realität anders wahrzunehmen und sie und sich selber anders zu bewerten (kognitive Verhaltenstherapie) oder auf direkten Verhaltensübungen und Entspannungsverfahren beruhen. Die jungen Menschen können auf diese Weise beispielsweise lernen, Krisen mit adäquaten Mitteln zu bewältigen.

Vor allem durch die kognitive Verhaltenstherapie können neue Verhaltensstrategien eingeübt werden. Die Therapie kann dazu bereits mit einem Training der Wahrnehmung beginnen. Jede Wahrnehmung ist durch das bestimmt, was wir aufgrund unserer früheren Erfahrungen und unserer Einstellungen erwarten. Dies ist bei Kindern besonders ausgeprägt. Kinder, deren Selbstwert zerstört wurde, neigen dazu, alle Reak-

Neue Verhaltensmuster einüben

tionen als erneute Bestätigung zu deuten, dass sie nichts wert sind. Durch Rollen- und Beobachtungsspiele können sie eine neue Wahrnehmung und ein darauf aufbauendes neues Verhaltensrepertoire erwerben. Dies kann bei kleinen Kindern im Spiel mit Puppen, Autos usw. geschehen, ältere sind auch bereit, von ihren eigenen Erlebnissen zu erzählen und gemeinsam mit dem Therapeuten neue Schritte zu entwickeln. Wichtig ist, dass die Kinder sich im geschützten Rahmen eines Therapiezimmers neu erleben und diese Erfahrung auch in ihren Alltag mitnehmen können.

Nicola, ein 13-jähriges Mädchen, war eine berühmt-berüchtigte Anführerin einer Mädchenbande. Eines Tages bat sie, ihre Freundin zur nächsten Therapiestunde mitbringen zu dürfen. Nachdem sie ihre Freundin über meine Schweigepflicht unterrichtet hatte, packten die beiden aus und erzählten über ihre Lust, andere zu verprügeln. Sie sahen auch beide so aus, als wäre es besser, sich mit ihnen nicht anzulegen. Als sich ihre Erzählungen dem Ende zuneigten, begann die Freundin das Spielzimmer zu erkunden. Sie entdeckte die Hängematte und legte sich hinein. Nicola legte sich sofort dazu und beide purzelten auch schnell wieder raus. Daraus ergab sich ein hervorragendes Spiel: Reinlegen und Rausfallen. Die beiden lachten und kicherten, wie Mädchen in diesem Alter dies eben gewöhnlich tun. Nicola hatte schon Tränen in den Augen. Irgendwann richtete sie sich wieder auf und meinte: »Ach, ist das schön, mal wieder so richtig lachen zu können.«

Diese Leichtigkeit und Unbeschwertheit hätte Nicola außerhalb des Therapiezimmers nur schwer zulassen können. Aber hier im Schutz dieser Umgebung, wo sie sich nicht wehren musste gegen äußere Einflüsse, von denen sie sich bedroht fühlte, konnte sie mal wieder richtig Kind sein und dies nach

Herzenslust genießen. Diese Erfahrung war nun die Grundlage für gemeinsame Überlegungen, wie sie sich selber und ihre Situation in einem neuen Licht sehen kann, und für konkrete Verhaltensübungen im Rollenspiel. Allmählich konnte sie diese Erfahrungen in den Alltag integrieren.

Eine Situation beginnt ihre Unerträglichkeit zu verlieren, wenn die jungen Menschen beginnen, wieder Pläne zu schmieden und Vorstellungen von der Zukunft zu entwickeln. Mit neuen Phantasien und Vorsätzen sowie einem gestärkten Selbstwertgefühl können sie allmählich wieder Hoffnung gewinnen.

Zusammenfassung:
Tertiäre Prävention

- Kinder- und Jugendpsychiatrie akzeptieren
- Medikation beachten und überwachen
- Auf Anhaltspunkte für Wiederholungsgefahr achten
- Familienkonferenzen einberufen
- Therapeutische Hilfe suchen

Anhang

Dank

Der Dank für die Beratung bei der Neuauflage gilt Herrn Klaus Heide und Herrn Plachta vom Kösel-Verlag für seine freundliche Unterstützung.

Und vor allem wollen wir all die betroffenen Kinder und deren Eltern beziehungsweise Bezugspersonen nicht vergessen.

Hilfreiche Adressen und Anlaufstellen

Deutschland

Telefonseelsorge: Tag und Nacht, Vorwahl/111 01 oder 111 02

Hilfe zum Weiterleben, Minoritenstr. 3, 52062 *Aachen,* Tel. 0241/388 85

Die Brücke, Breitenstr. 19, 36251 *Bad Hersfeld,* Tel. 06621/614 33

Beratungsstelle für psychische Gesundheit, Salzstr. 1, 83646 *Bad Tölz,* Tel. 08041/715 93

Deutsche Gesellschaft für Suizidprävention (DGS), Bezirkskrankenhaus Bayreuth, Nordring 2, 95445 *Bayreuth,* Tel. 0921/28 33 00

Beratungsstelle NEUhland, Hilfen für suizidgefährdete Kinder und Jugendliche, Nikolsburger Platz 6, 10717 *Berlin,* Tel. 030/873 01 11

Nächtlicher Krisen- und Beratungsdienst, Pallasstr. 8–9, 10781 *Berlin,* Tel. 030/215 22 22

K.U.B. Krisen- und Beratungsdienst, Apostel-Paulus-Str. 35, 10823 *Berlin,* Tel. 030/781 85 85

Krisenberatung, Hilfe für Selbstmordgefährdete, Johanneswerkstr. 12, 33611 *Bielefeld,* Tel. 0521/830 42

Die Oase, Buscheyplatz 3, 44801 *Bochum-Querenburg,* Tel. 0234/700-23 32

Arbeitskreis Suizidnachsorge am Kreiskrankenhaus Böblingen, Bunsenstr. 120, 71032 *Böblingen,* Tel. 07031/668-0

Bundesverband Deutscher Psychologen (BDB), Heilsbachstr. 22, 53123 *Bonn,* Tel. 0228/98 73 10

Arbeitskreis Suizidgefährdeter, Meckenheimer Straße 85, 53179 *Bonn,* Tel. 0228/34 35 63

Krisenberatung, Parkstr. 8a, 38102 *Braunschweig,* Tel. 0531/22 01 10

Beratungsstelle für Kinder, Jugendliche und Eltern, Graf-Moltke-Str. 49, 28211 *Bremen*, Tel. 0421/346 98 38

Anonymes Beratungszentrum für junge Menschen e.V., Grazer Str. 76, 27568 *Bremerhaven*, Tel. 0471/429 29

Jugendberatung, Bessungerstr. 80, 64285 *Darmstadt*, Tel. 06151/66 37 27

Hilfe zum Weiterleben, Arbeitskreis für Selbstmordverhütung und Krisenberatung e.V., Postfach 1818, 32708 *Detmold*, Tel. 05231/333 77

Krisenzentrum Dortmund-Hörde, Virchowstr. 10, 44263 *Dortmund*, Tel. 0231/43 50 77

Medizinische Akademie Carl-Gustav-Carus, Betreuungsstelle für Suizidgefährdete, Fetscherstr. 74, 01307 *Dresden*, Tel. 0351/458 31 11

Psychiatrisches und neurologisches Gesundheitsinstitut für Lebensberatung, Willi-Becker-Allee 10, 40227 *Düsseldorf*, Tel. 0211/899 53 91

Krisenbegleitung, Vom-Rath-Str. 10, 47051 *Duisburg*, Tel. 0203/226 56

Die Brücke, Lebensberatung, Vierzigmannstr. 3, 91054 *Erlangen*, Tel. 09131/259 64

Essener Jugendnottelefon, Jugendamt der Stadt Essen und Evangelisches Heimstättenwerk Essen, Ahrfeldstr. 73, 45136 *Essen*, Tel. 0201/26 50 50

Beratungsstelle für Kinder, Jugendliche und Eltern der Stadt Flensburg, Bahnhofstr. 28, 24937 *Flensburg*, Tel. 0461/85 21 29

Beratungsdienst Hauptwache, Hauptwache, 60313 *Frankfurt*, Tel. 069/29 27 11

Psychosoziale Beratungsstelle für Suizidgefährdete und Menschen in Lebenskrisen, Kartäuserstr. 77, 79104 *Freiburg*, Tel. 0761/333 88

Jugendberatung und Drogenberatung für den Wetteraukreis, Schützenrain 9, 61169 *Friedberg/Hessen*, Tel. 06031/834 16

Die Brücke, Kontakt- und Beratungsstelle für Menschen mit seelischen Problemen, Löher Str. 37, 36037 *Fulda*, Tel. 0661/730 23

Beratungs- und Therapiezentrum für Kinder und Jugendliche, Düsterer Eichenweg 19, 37073 *Göttingen*, Tel. 0551/400 29 81

Verein zur Suizidprophylaxe e.V., Kleiner Pulverteich 15a, 20099 *Hamburg*, Tel. 040/24 63 95

Kinder- und Jugendnotdienst, Feuerbergstr. 43, 22337 *Hamburg*, Tel. 040/632 00 20

Präventionsprogramm, Gartenallee 14, 30449 *Hannover*, Tel. 0511/44 69 96

Psychologische Beratungsstelle der Psychosozialen Hilfe Heidelberg e.V., Berliner Str. 14, 69120 *Heidelberg*, Tel. 06221/41 24 81

Arbeitskreis für Selbstmordverhütung, Christianstr. 5A, 89522 *Heidenheim*, Tel. 07321/438 94

Arbeitskreis Leben, Weinsberger Str. 45, 74072 *Heilbronn*, Tel. 07131/16 42 51

Beratungsstelle für Selbstmordgefährdete, Bahnhofsallee 26, 31134 *Hildesheim*, Tel. 05121/588 28 oder 51 62 68

Kontaktgruppe »Brücke e.V.«, Schrannenstr. 1, 85049 *Ingolstadt*, Tel. 0841/358 95

Institut für Notfallseelsorge und Krisenintervention, Humboldtstr. 28, 07743 *Jena*, Tel. 03641/82 92 29

»Brücke«, Kronenplatz 1, 76133 *Karlsruhe*, Tel. 0721/38 50 38

KOMM, Goethestr. 34 II, 34119 *Kassel*, Tel. 0561/77 39 30

Kibis Kontakte, Information und Beratung im Selbsthilfebereich, Beselerallee 57, 24105 *Kiel*, Tel. 0431/56 02 22

TECUM, Verein zur Betreuung suizidgefährdeter Menschen e.V., Rizzastr. 14, 56068 *Koblenz*, Tel. 0261/98 44 40

Psychosoziale Arbeitsgemeinschaft Köln, Neumarkt 15–21, 50667 *Köln*, Tel. 0221/221 45 60

Telefon des Vertrauens, Fachpoliklinik für Psychotherapie, Platnerstr. 15, 04155 *Leipzig*, Tel. 0341/511 00 oder 510 00

Beratung und Hilfen in Lebenskrisen, Falkenstr. 19, 67063 *Ludwigshafen*, Tel. 0621/51 01 84

Die Arche, Selbstmordverhütung und Hilfe in Lebenskrisen e.V., Viktoriastr. 9, 80803 *München*, Tel. 089/33 40 41

Verein zur Suizidprophylaxe und Krisenbegleitung e.V., Spiekerhof 44, 48143 *Münster*, Tel. 0251/51 90 05

Psychologische Beratungsstelle für Eltern, Kinder und Jugendliche, Caritasverband, Giesbertstr. 67, 90473 *Nürnberg*, Tel. 0911/801 09

Kontaktkreis Leben, Aspenweg 25, 78727 *Oberndorf/Neckar*, Tel. 07423/36 04

Der Ring e.V., Ilseder Str. 39, 31226 *Peine*, Tel. 05171/521 21

Medizinisch-Psychosomatische Klinik Roseneck, Am Roseneck 6, 83209 *Prien*, Tel. 08051/680

Christliches Krankenhaus, Ambulanz für Suizidgefährdete, 49610 *Quakenbrück*, Tel. 05431/152 41

Krisendienst Horizont, Hemauer Str. 8, 93047 *Regensburg*, Tel. 0941/581 81

Kibis Kontakte, Information und Beratung im Selbsthilfebereich, Sophienstr. 3, 24768 *Rendsburg*, Tel. 04331/252 99

Arbeitskreis Leben Reutlingen e.V., Karlstr. 28, 72764 *Reutlingen*, Tel. 07121/444 12

SPAK – Arbeitskreis für psychosoziale Hilfe, Rosenstr. 18, 66126 *Saarbrücken*, Tel. 0681/364 93

Kontaktstelle für Selbstmordgefährdete, Burgstr. 38, 38259 *Salzgitter-Bad*, Tel. 05341/360 27

Deutsche Gesellschaft für Suizidprävention, Böblinger Str. 24, 70178 *Stuttgart*, Tel. 0711/640 59 44

Arbeitskreis Leben Stuttgart e.V., Eierstr. 9, 70199 *Stuttgart*, Tel. 0711/60 06 20

Arbeitskreis Leben e.V., Österbergstr. 4, 72074 *Tübingen*, Tel. 07071/922 10

Institut für Beratung und Therapie von Eltern und jungen Menschen, Adelheidstr. 28, 65185 *Wiesbaden*, Tel. 0611/37 00 12

Krisendienst Würzburg, Kardinal-Döpfner-Platz 1, 97070 *Würzburg*, Tel. 0931/57 17 17

Österreich

Telefonseelsorge: Vorwahl /17 70

Beratungszentrum für psychische und soziale Fragen, Granatengasse 4/I, 8020 *Graz*, Tel. 0316/91 10 04

Krisenintervention an der Psychiatrischen Universitäts-Klinik, St. Veiter Str. 47, 9010 *Klagenfurt*, Tel. 0463/538 29 91

Lebensberatung, Kolpinggasse 6, 9010 *Klagenfurt*, Tel. 0463/567 77

Krisenintervention, Hessenplatz 9, 4020 *Linz*, Tel. 0732/21 77 oder 21 78

Krisenintervention, Gailenbachweg 13a, 5020 *Salzburg*, Tel. 0662/433 51 oder 44 83-43 21

Psychosozialer Dienst der Caritas, Bräuhausgasse 2, 3100 *St. Pölten*, Tel. 02742/534 86 oder 534 87 oder 529 35

Außenstelle der Lebensberatung Klagenfurt, Brauhausgasse 10, 9500 *Villach*, Tel. 04242/213 52

Krisenintervention, Spitalgasse 11, 1090 *Wien*, Tel. 0222/439 59 50

Schweiz und Liechtenstein

Telefonseelsorge: 143

Schweizerische Gesellschaft für Krisenintervention und Suizidprophylaxe, Psychiatrische Universitätsklinik, Wilhelm-Klein-Str. 27, Postfach, 4025 *Basel*, Tel. 061/325 51 11

Selbsthilfezentrum Hinterhuus, Feldbergstr. 55, 4057 *Basel*, Tel. 061/692 81 00

Team Selbsthilfe Bern, c/o Hilfsstelle Bern, Hopfenrain 10, 3007 *Bern*, Tel. 031/371 45 27

Team Selbsthilfe Biel, c/o Hilfsstelle Biel, Rechbergerstr. 2, 2502 *Biel*, Tel. 032/23 83 82

Team Selbsthilfe Aargau, Postfach 298, 5200 *Brugg*, Tel. 056/41 95 82

Familienberatung, Tivoli 7, 7001 *Chur*, Tel. 081/22 10 01

Team Selbsthilfe Thurgau, Rheinstr. 6, 8500 *Frauenfeld*, Tel. 054/21 88 44

Kontaktstelle Selbsthilfe, c/o Sozialpsychiatrischer Dienst, Gotthardstr. 31, 6410 *Goldau*, Tel. 041/82 42 82

Vereinigung pro Selbsthilfegruppen, Postfach 5213, 6000 *Luzern* 5, Tel. 041/51 60 09

Selbsthilfegruppen – Kontaktstelle, Vorderer Steinacker 25, 4600 *Olten*, Tel. 062/32 93 60

Team Selbsthilfe St. Gallen, Frongartenstr. 16, 9000 *St. Gallen*, Tel. 071/22 75 54

Arbeitskreis der Selbsthilfegruppen, c/o Brigitta Bazzana, Postfach 197, FL-9494 *Schaan*, Tel. 075/232 09 26

Beratungsstelle für Jugendliche und Erwachsene, Rebleutgang 2, 8200 *Schaffhausen*, Tel. 053/25 30 74

Team Selbsthilfe Berner Oberland, c/o Hilfsstelle Thun, Länggasse 2, 3600 *Thun*, Tel. 033/22 22 61

Offene Tür Zürcher Oberland, Rapperswilerstr. 22, 8620 *Wetzikon*, Tel. 01/932 70 70

Kontaktstelle für Selbsthilfe, Technikumstr. 14, 8400 *Winterthur*, Tel. 052/213 80 60

Offene Tür Zürich, Beethovenstr. 45, 8002 *Zürich*, Tel. 01/202 30 00

Team Selbsthilfe Zürich, Dolderstr. 18, 8032 *Zürich*, Tel. 01/252 30 36

Kontaktstelle für Selbsthilfegruppen, Postfach, 6300 *Zug*, Tel. 042/25 35 16

Internet- und E-Mail-Adressen

http://hammer.prohosting.com/~projektx/

http://members.aol.com/suicidepsy/home.html

http://members.aol.com/suicidepsy/suiz-links.html

www.ak-leben.de; E-Mail: ak-leben-stgt@t-online.de

www.beratung.das-berlin.de

www.bubis.com/ags/institut.htm;
E-Mail: jochen.heinecke@med.uni-jena.de

www.grohol.com/helpme.htm

www.muenster.org/krisenhilfe; E-Mail: krisenh@muenster.org

www.neuhland.de
www.psychologie.uni-bonn.de/kap/links_20.htm
www.save.org
www.seelsorge.net
www.suizidprophylaxe.de
www.uke.uni-hamburg.de/Clinics/Psych/TZS/TZS_d.html
www.uni-tuebingen.de/Krisenberatung
NotfallseelsorgeBayern@t-online.de

Newsgroups

news://news.btx.dtag.de/alt.suicide.holiday
news://news.btx.dtag.de/alt.support.depression
news://news.btx.dtag.de/alt.support.depression.crisis
news://news.btx.dtag.de/alt.support.loneliness
news://news.btx.dtag.de/de.sci.medizin.psychiatrie
news://news.btx.dtag.de/de.sci.psychologie
news://news.btx.dtag.de/t-netz.med.notfall

Literaturempfehlungen

Bründel, Heidrun: *Suizidgefährdete Jugendliche. Theoretische und empirische Grundlagen für Früherkennung, Diagnostik und Prävention,* Weinheim: Juventa 1993

Dickhaut, Hans: *Selbstmord bei Kindern und Jugendlichen. Ein Handbuch für helfende Berufe,* Weinheim: Beltz 1995

Henseler, Heinz: *Narzißtische Krisen: Zur Psychodynamik des Selbstmords,* Wiesbaden: Westdeutscher Verlag, 3. Aufl. 1990

Heuer, Gerhild: *Selbstmord bei Kindern und Jugendlichen. Ein Beitrag zur Suizidprophylaxe aus pädagogischer Sicht,* Stuttgart: Klett Cotta 1979

Jäckel, Karin: *Furcht vor dem Leben. Wenn Jugendliche den Tod als einzigen Ausweg sehen,* Bergisch Gladbach: Bastei-Lübbe 1998

Klosinski, Gunter: *Wenn Kinder Hand an sich legen. Selbstzerstörerisches Verhalten bei Kindern und Jugendlichen,* München: Beck 1999

Knapp, Angela: *Auf dem Weg ins Nichts. Warum Kinder und Jugendliche nicht mehr leben wollen,* Frankfurt/M.: Rita G. Fischer 1995

Dies.: *Verzeiht mir, aber ich kann nicht anders ... Zum Selbsttötungsverhalten von Jugendlichen,* Frankfurt/M.: Rita G. Fischer, 2. Aufl. 1994

Orbach, Israel: *Kinder, die nicht leben wollen,* Göttingen: Vandenhoeck & Ruprecht, 2. Aufl. 1997

Schäfer, Sigrid: *Ich hab euch alle sehr geliebt. Das Vermächtnis meiner Tochter, die sich das Leben nahm,* Zürich: Kreuz 2000

Wunderlich, Ursula: *Suizidalität bei Jugendlichen und jungen Erwachsenen. Risikofaktoren und Häufigkeiten,* Regensburg: Susanne Roderer 1999

Steven Levenkron
Der Schmerz sitzt tiefer
Selbstverletzung verstehen und überwinden
KÖSEL